教育部人文社会科学研究2016年度青年项目（项目批准号：16YJC880026）

# 民办幼儿园
# 分类管理与支持制度研究

康永祥 著

南京大学出版社

图书在版编目(CIP)数据

民办幼儿园分类管理与支持制度研究/康永祥著
.—南京:南京大学出版社,2022.3
ISBN 978-7-305-25441-3

Ⅰ.①民… Ⅱ.①康… Ⅲ.①幼儿园—管理—研究—中国 Ⅳ.①G617

中国版本图书馆 CIP 数据核字(2022)第 032422 号

| | |
|---|---|
| 出版发行 | 南京大学出版社 |
| 社　　址 | 南京市汉口路 22 号　　邮　编　210093 |
| 出 版 人 | 金鑫荣 |

| | |
|---|---|
| 书　　名 | **民办幼儿园分类管理与支持制度研究** |
| 著　　者 | 康永祥 |
| 责任编辑 | 丁　群　　　　　　　编辑热线　025-83597482 |
| 照　　排 | 南京开卷文化传媒有限公司 |
| 印　　刷 | 徐州绪权印刷有限公司 |
| 开　　本 | 787×960　1/16　印张 11.25　字数 202 千 |
| 版　　次 | 2022 年 3 月第 1 版　2022 年 3 月第 1 次印刷 |
| ISBN | 978-7-305-25441-3 |
| 定　　价 | 50.00 元 |

网　　　址:http://www.njupco.com
官方微博:http://weibo.com/njupco
官方微信:njupress
销售咨询热线:025-83594756

\* 版权所有,侵权必究
\* 凡购买南大版图书,如有印装质量问题,请与所购
　图书销售部门联系调换

# 目 录

第一章　绪　论 ························································· 1
　第一节　研究的背景及意义 ········································· 1
　第二节　相关概念界定 ············································· 4
　第三节　已有研究的回顾及评析 ····································· 9
　第四节　本书研究的思路及结构安排 ································ 14

第二章　民办幼儿园分类管理与支持制度建设的历史沿革 ················ 20
　第一节　民办幼儿园分类管理的依据及阶段 ·························· 21
　第二节　民办幼儿园分类管理与支持制度建设的历史特征 ·············· 30
　第三节　民办幼儿园分类管理与支持制度推进的两种取向 ·············· 41

第三章　民办幼儿园分类管理要处理的主要关系 ························ 60
　第一节　民办幼儿园分类管理与分类支持的关系 ······················ 61
　第二节　民办幼儿园经济效益与社会效益的关系 ······················ 70
　第三节　民办幼儿园分类管理与分类治理的关系 ······················ 80

第四章　民办幼儿园分类管理与支持制度建设的主要逻辑 ················ 88
　第一节　民办幼儿园分类管理与支持制度建设的制度逻辑 ·············· 89

第二节　民办幼儿园分类管理与支持制度建设的市场逻辑 ………… 99
　　第三节　民办幼儿园分类管理与支持制度建设的技术逻辑 ……… 114

第五章　民办幼儿园分类管理与支持制度推进的挑战与对策 ………… 129
　　第一节　民办幼儿园分类发展的现状及特点 ……………………… 130
　　第二节　民办幼儿园分类管理与支持制度推进面临的主要挑战 …… 148
　　第三节　民办幼儿园分类管理与支持制度推进的基本思路 ……… 163

**参考文献** ………………………………………………………………… 166
**后记** ……………………………………………………………………… 173

# 第一章
# 绪　论

## 第一节　研究的背景及意义

时至今日,民办幼儿园教育在我国学前教育事业发展乃至整个民办教育发展中的地位和作用已毋庸置疑。截至 2020 年底,我国共有民办幼儿园167 956 所,占幼儿园总数的 57.58%;民办幼儿园在园幼儿 23 785 506 名,占幼儿园在园儿童数的49.37%。[①] 近些年,随着我国提出推动学前教育事业整体向普惠、优质的方向发展的战略目标,民办幼儿园以其多元的筹资渠道和灵活的办学形式,在实现学前教育发展战略目标方面扮演着越来越重要的角色。但与此同时,同其他类型的民办教育一样,民办幼儿园作为一种社会力量投资办学,发展至今开始面临一些亟待突破的共性发展问题,其中最核心的就是如何进行分类管理。而对民办教育实施分类管理的设想由来已久,其根本目标也一直未有大的变化,即希望通过对不同办学取向的民办教育机构进行分类管理,提供针对性的发展支持,以更好地激发社会力量投资办学的积极性,同时,又能对不同的民办教育机构的办学行为进行分类规范,促进民办教育的公平竞争和多元发展。直到 2016 年底,新修订的《中华人民共和国民办教育促进法》(以下简称《民办教育促进法》)发布之后,对包括民办教育分类管理标准等在内一系列关键问题的讨论才终于告一段落。在这一背景下,民办幼儿园分类管理也开始正式提上日程。但实际上在此之前,民办幼儿园快速发展引发出的一系列问题,就已经倒逼各级政府就民办幼儿

---

① 中华人民共和国教育部.2020 年教育统计数据[EB/OL].http://www.moe.gov.cn/jyb_sjzl/moe_560/2020/quanguo/index_4.html,2021-8-27.

园分类管理进行了相应的探索。

从本世纪初到 2010 年的十年间,我国民办幼儿园开始加速发展,但与此同时也产生了一系列问题。从这一时期有关民办幼儿园发展现状的相关研究看,民办幼儿园快速发展产生的问题涉及诸多方面,包括办学质量、课程与教育、教师队伍、管理机制、质量监管、收费门槛等,其中民办幼儿园整体发展质量参差不齐、教师流动性大、收费标准偏高、缺乏有效监督等问题最为突出。[①] 细究这些问题不难看出,造成民办幼儿园发展问题的直接原因,是一直以来缺乏对民办幼儿园进行持续有效的规范管理,同时对民办幼儿园的发展支持又十分有限,民办幼儿园办学成本虚高的同时,办园质量也难以反映真实的办园成本。在这种情况下,市场机制已经很难发挥对民办幼儿园的调节作用,民办幼儿园无法实现真正的公平竞争和优胜劣汰的同时,政府希望民办幼儿园能够承担更多的社会责任的目标也就难以实现。基于此,对民办幼儿园实施分类管理也就呼之欲出。

从 2010 年国务院发布《国务院关于当前发展学前教育的若干意见》(以下简称"国十条")开始,虽然未在任何官方文件中明确指出对民办幼儿园实施分类管理,但各级政府实际上就已经开始进行民办幼儿园分类管理的探索。需要指出的是,这一时期对民办幼儿园实施的分类管理与在整个民办教育领域探讨的分类管理有所不同,主要是基于我国发展学前教育的基本战略目标,即明确提出以发展普惠性学前教育为主的多元、优质学前教育服务为目标,以民办幼儿园是否普惠为标准,选择对普惠或非普惠民办幼儿园进行分类管理与支持。在各地大力发展普惠性学前教育的背景下,普惠性民办幼儿园教育资源获得了极大的扩充,但对于非普惠性民办幼儿园如何监管和引导,未能有更进一步的制度突破。直到新修订的《民办教育促进法》出台后,民办幼儿园分类管理才真正在顶层制度设计层面有了法律依据。但是,鉴于我国民办幼儿园发展的特殊情况,要真正落实民办幼儿园分类管理制度,需要具体处理的问题很多,新修订的《民办教育促进法》以及《民办教育促进法实施条例》在很多方面仅仅是给出了一些原则性的要求,涉及民办幼儿园产权界定、办学权益补偿等方面的细节内容时,就需要地方政府因地制宜出台相应的政策细则。从这个方面讲,进行民办幼儿园分类管理与支持制度的研究,至少具有以下两方面的意义。

---

① 袁秋红.我国民办学前教育十年发展态势、存在问题及政策建议[J].教育科学,2017(1):10-17.

一方面,在理论研究层面,开展有关民办幼儿园分类管理与支持制度的研究有助于丰富关于教育类公共产品供给理论的研究。以教育服务为代表的公共产品的生产和供给方式,无论是以政府为主还是以市场为主,都有其特定的局限性。目前在学前教育服务供给方面,以公共财政投入为杠杆,引导社会力量投资举办具有一定公益性的幼儿园,既是世界各国的普遍经验,也是有效扩大我国学前教育资源的应然选择。不过由于我国民办幼儿园办学主体构成较为复杂,同时办学方式也与其他类型的教育有很大不同,引导民办幼儿园为民众提供具有一定公益性的教育服务,在公私合作的方式、市场与政府的关系等诸多方面,仍需要进行大量探索,以更好地明确政府的管理职能,采取更有效的公共财政政策,而这些都属于公共产品理论研究的主要领域。此外,开展有关民办幼儿园分类管理与支持制度的研究也能够丰富有关政府治理的相关理论研究。学前教育既是一种具有较强公益性的准公共产品,同时也是一种资源密集型的社会活动,必然离不开政府对相关教育资源的调控和配置。而在当前的社会主义市场经济体制下,利用市场机制来提升民办幼儿园教育资源配置的效率,自然就成为民办幼儿园管理的应然选择,同时也对政府管理职能的转变提出了要求。十九届四中全会后,尽快实现教育从"管理"向"治理"转变成为教育管理体制改革的重点。基于此,探讨民办幼儿园分类管理与支持制度的建设及实施,必然需要探讨相关治理策略、治理机制的运行以及政府职能边界的划定等问题。

另一方面,在实践层面,开展有关民办幼儿园分类管理与支持制度的研究,本质上是为了推动民办幼儿园分类管理进程,提供相关制度设计、实施乃至优化的具体思路。民办幼儿园分类管理在制度执行层面仍面临诸多具体问题需要解决,如分类管理标准执行的尺度问题、分类管理职责划分问题,这些本质上都涉及对诸多利益关系的协调。基于我国的现实国情,探讨民办幼儿园分类管理与支持制度的建设,就是要寻求各种利益关系协调的最佳方案和策略,以此为各利益相关者提供行动规则与行动范围,为解决制约民办幼儿园有序发展的问题提供相应的依据和参考。此外,民办幼儿园分类管理的执行主体是各级政府及相关部门,探讨相关制度建设必然涉及对政府部门职能划分、工作机制的探讨,这对未来进一步优化政府的民办幼儿园管理职能和方式,乃至提升政府对民办幼儿园的治理水平,都具有一定的实践参考价值。

## 第二节 相关概念界定

### 一、民办幼儿园

民办幼儿园教育属于民办教育的一部分。在《中华人民共和国民办教育促进法》中规定,民办教育指国家机构以外的社会组织或者个人,利用非国家财政性经费,面向社会举办学校及其他教育机构的活动。[①] 基于这样的定义,国内一些学者认为,民办幼儿园就是指由国家机构以外的社会组织或者个人,利用非国家财政性经费,面向社会举办的幼儿园。[②] 但实际上从目前被官方认定的各类民办幼儿园实际办学主体及办学经费的来源看,有必要澄清几个问题。

第一,"国家机构以外的社会组织或者个人"该如何理解。在我国,国家机构一般指为实现国家职能而建立起来的一整套国家机关体系。现实中有很多幼儿园的办学主体是带有官方性质的社会组织或国有企业,如各类高等学校、国企等,它们确实属于国家机构之外的社会组织,但由其举办的幼儿园通常被归为公办幼儿园的一部分,因此仅从办学主体看,是无法准确区分公办幼儿园和民办幼儿园的。

第二,"非国家财政性经费"一般指经费来源不是国家财政拨款,而是来源于自费、捐款、民众筹集、贷款等渠道的经费。现实中一些由个人或社会性组织投资举办的幼儿园,在符合普惠性幼儿园的条件下,会受到政府财政支持,其办学经费来源十分多样,因此仅仅从是否接受政府财政支持来判断幼儿园办学性质也不准确。

第三,"面向社会"指的是幼儿园的实际服务对象,其隐含了准入门槛以及受众群体范围的要求。从公共产品理论的角度讲,区分公共产品和私人产品的主要标志是消费或使用相关产品是否具有非竞争性和受益上的非排他性。由此来看,民办幼儿园所提供的教育服务应该是具有最弱的公共产品属

---

[①] 夏征农,陈至立.辞海[Z].上海辞书出版社,2010年,2727.
[②] 张乐天.学前教育政策与法规[M].北京:中央广播电视大学出版社,2011:50.

性,即其准入门槛和服务群体范围上是有选择性的,民众在接受其教育服务时具有竞争性和排他性。当然,在公办幼儿园资源紧张的情况下,公办幼儿园提供的教育服务也会体现出一定的竞争性和排他性,但这并不是举办者主动选择的结果,其办学定位应该是面向所有适龄儿童的。

基于对以上问题的分析,在本书中将民办幼儿园界定为:由国家机构以外的社会组织或个人作为办学主体,主要利用非国家财政性经费,面向全社会举办的幼儿园。

## 二、分类管理

教育界关于分类管理问题的讨论发起较早,最初主要是基于国际经验,针对我国民办教育发展面临的瓶颈,探讨分类管理的必要性和分类的标准及依据。总体来看,有关民办学校"分类管理"的研究,一开始就将分类的标准和依据以及对不同类型学校的要求作为分类管理的核心,基本上认为分类管理应以是否以营利为目的为区分,进而针对不同类型的学校提出相应的办学要求。如何金辉认为,所谓民办学校分类管理是指对举办学历教育的民办学校按照营利性与非营利性两种属性进行划分,营利性民办学校属于投资办学并可获取利润回报,而非营利性民办学校将按照公益性组织方式运作和管理,属于捐资办学,不可以获取利润回报。[①] 其他学者认为民办学校分类管理,不仅仅包括是否以营利为分类标准,还包括除了利润分配方式之外的其他管理要求,如王善迈认为,分类管理还包括分类登记的程序应遵循自愿登记和政府审核的原则,不同民办学校应分别在不同部门登记注册,享受不同的税费政策和政府扶持,等等。[②]

到了2016年,新修订的《民办教育促进法》中明确提出对民办学校实施分类管理,其主要内容首先是以民办学校举办者是否以营利为目的进行分类;其次是对选择登记为营利性民办学校和非营利性民办学校的,在诸如办学结余的处置方式、产权归属、税费政策等方面有具体的不同要求;再就是对选择不同分类的民办学校的发展扶持方式给予差别对待。相关规定基本上与前期诸多学者研究得出的结论相一致。

---

① 何金辉.民办学校分类管理的分歧与共识[J].教育发展研究,2010(10):42-47.
② 王善迈.民办教育分类管理探讨[J].教育研究,2011(12):32-36.

结合学界的研究及相关政策规定,分类管理就是以民办学校举办者是否以营利为目的为分类依据,进而以相应的行政手段和财政手段,直接影响民办学校的办学经费来源、办学成本以及其他教育资源的获得,并要求承担不同的办学义务,以达到支持非营利性民办学校发展,凸显民办教育的公益性的一种管理活动。

## 三、政府职能

政府职能可以简单理解为政府的职责和功能。如果从政府在社会发展中发挥的具体作用来看,在不同的历史时期和社会制度下,政府的职责边界和功能范围体现了不同的价值判断。因此有研究者认为,政府职能是政府在一定时期内根据国家和社会发展的需要应该承担的职责和功能,它涉及的是政府应该做什么、不应该做什么的问题。[①] 尽管政府职能的发挥体现着不同的价值观,但从政府职能作用的范围看,仍然包含几类基本职能:政治职能、经济职能、社会管理职能和文化职能。[②] 按照马克思在《政治经济学批判》中有关"经济基础决定上层建筑"经典论述,政府的政治职能、社会管理职能和文化职能实际上都是服务于政府的经济职能,这可以进一步解释为什么在不同的历史时期和社会制度下,政府职能会有很大差别,就是因为一个国家在不同历史时期的社会经济和生产力发展水平不同。现代西方政治学家在探讨政府职能时,提出了各种政府职能理论,如国家干预主义的政府职能理论、自由主义的政府职能理论、"西方马克思主义"的政府职能理论等。但这些政府职能理论基本上都是立足于解决特定时期的社会经济发展矛盾的,如国家干预主义的政府职能理论立足于市场的缺陷和社会的不自足性;自由主义的政府职能理论旨在解决国家过多干预对个人自由和市场效率的消极影响;"西方马克思主义"的政府职能理论旨在以批判性的视角,揭示资本主义国家经济职能扩大到意识、文化领域,是为了掩盖资本主义经济矛盾和阶级冲突的本质特征。[③] 因此,从政府职能理论的角度分析政府在各类社会事业发展中的责任,不能脱离特定的社会经济发展条件和政治体制背景。

我国对民办幼儿园实施分类管理,是基于近些年来整个社会经济以及民

---

① 金太军.政府职能与政府能力[J].中国行政管理,1998(12):20-23.
② 沈荣华.关于转变政府职能的若干思考[J].政治学研究,1999(4):54-60.
③ 何炜.西方政府职能理论的源流分析[J].南京社会科学,1999(7):35-41.

办幼儿园自身的快速发展,为应对其中日益突出的利益矛盾而做出的选择。虽然在具体管理内容和策略上仍需要不断地探索,但是从政府职能的角度讲,必须考虑社会主义市场经济体制以及社会主义政治管理体制的根本要求,以此确定政府需要履行什么样的具体职责以解决哪些具体问题。基于此,在本书中,我们将政府职能定义为,各级政府基于社会主义市场经济体制的基本原则,在充分贯彻国家有关政府管理体制改革的核心要求,有效引导和规范民办幼儿园健康有序发展的过程中,需要承担的具体职责和发挥的实际作用。

## 四、教育治理

教育治理是国家治理体系的一部分,其中"治理"是核心。西方学者库伊曼等研究者认为:"治理的概念是,它所要创造的结构或秩序不能由外部强加;它之所以发挥作用,是要依靠多种进行统治的以及互相发生影响的行为者的互动。"[①]国内学者对"治理"的认识基本上也延续这一观点。将"治理"的内涵延伸到教育管理中后,国内学者对此做了诸多论述,主要分析了教育治理的目的、内容和过程。如孙绵涛认为:"教育治理是通过一定规则和程序对教育中的利益各方进行调解的一种过程。这种调解不以参与调解的任何一方为权威,参与调解的各方平等、合作、互动地处理教育中的公共事务。"[②]简单讲,就是要回答"谁治理、治理什么、如何治理"。有的学者则从教育治理的根本目标出发,重点分析教育治理的路径。如褚宏启认为:"教育治理是指国家机关、社会组织、利益群体和公民个体,通过一定的制度安排进行合作互动,共同管理教育公共事务的过程","教育治理的直接目标是善治。"[③]

之所以在民办幼儿园分类管理过程中要贯彻教育治理的理念,主要原因是在当前民办幼儿园快速发展的背景下,各类相关利益者之间的利益关系能否得到有效协调,需要一种更为广泛的合作与参与,而这也恰恰体现了教育治理的思想。从目前各级政府、民办幼儿园举办者、幼儿家长等相关利益者维护自身利益所面临的主要障碍看,集中体现在有关市场交易活动中普遍存

---

① 库伊曼,范·弗里埃特.治理与公共管理[A].库伊曼.管理公共组织[C].加利福尼亚:萨吉出办公司,1993:64.
② 孙绵涛.现代教育治理的基本要素探析[J].中国教育学刊,2015(10):50-53.
③ 褚宏启.教育治理:以共治求善治[J].教育研究,2014(10):4-11.

在的信息不对称问题、产权激励问题、"搭便车"行为等方面。尽管对民办幼儿园实施分类管理所面临的上述问题,在问题的具体内容、问题解决的紧迫性等方面存在一定差异,但从民办幼儿园整体发展的角度讲,传统的管理思维只是一种"后知后觉",亟须以发展的、整体的视野,对各种利益关系的协调进行统筹,能够先知先觉地以共同合作、广泛参与、平等互动的方式寻求问题解决的思路,这是面对快速变化的社会发展环境做出的唯一选择。基于此,在本书中,我们将教育治理界定为,在民办幼儿园分类管理过程中,通过相关制度建设为各级政府部门、民办幼儿园举办者、幼儿家长等相关利益者之间的平等合作、广泛互动、共同参与相关学前教育公共事务的解决创造条件,进而解决民办幼儿园发展过程中面临的诸多利益协调问题的过程。

## 五、制度

在政治学领域,"制度"普遍被理解为一系列行动规则。如柯武刚认为,制度可以简单概括为由人设计的规则,其主要功能是增进秩序。[①] 埃里克·弗鲁博顿等认为,制度就是一组正式和非正式的规则,以及规则的执行安排,目的是为个人行为沿着特定方向提供一种指引。[②] 概括起来,广义的制度是能够对个体或组织行动起到规范和指引作用的一系列规则,而从制度的形成过程来看,自发形成的各种规则即非正式的规则或制度,包括惯例、习俗、文化等,而由专门的组织和机构制定的行动规则即正式的规则或制度,包括法律、政策等。而从制度功能实现的角度讲,虽然无论是正式制度还是非正式制度都会对个体行为决策产生影响和规范作用,但要实现相应的管理目标,就要避免非正式制度与正式制度产生冲突,因此还需从制度的内在要素入手把握其内涵。对此,斯科特认为,制度包含三大基础要素,即规制性、规范性和文化-认知性。[③] 也就是说制度要实现其应有功能,至少在相关规则的性质和内容上,既包含具有强制力的、刚性要求,也要有明确的价值导向,同时还应为个体提供清晰的行动路径和模式。基于此,在本书中将制度界定为能够

---

[①] [德]柯武刚,史漫飞.制度经济学——社会秩序与公共政策[M].韩朝华译.北京:商务印书馆,2008:32.

[②] [美]埃里克·弗鲁博顿,(德)鲁道夫·芮切特.新制度经济学——一个交易为费用分析范式[M].姜建强,罗长远译.上海:格致出版社,上海三联出版社,上海人民出版社,2006:7.

[③] [美]W·理查德·斯科特制度与组织——思想观念与物质利益[M].姚伟,王黎芳译.北京:中国人民大学出版社,2010:58.

对政府相关部门、民办幼儿园举办者、幼儿家长以及其他利益相关者的行为产生规范作用的各种规则,包括相关政策、法律、惯例等。

## 第三节 已有研究的回顾及评析

从学界对民办学校分类管理乃至民办幼儿园分类管理的讨论看,相关问题的讨论具有明显的一致性。一些针对宏观层面民办学校分类管理问题的讨论,具体到民办幼儿园分类管理层面,一般会体现为更为具体的发展思路和策略问题。当然,有关民办幼儿园分类管理的具体问题的讨论,实际上也印证和回应了宏观层面民办教育分类管理的相关观点和制度构想。

### 一、民办学校分类管理面临的主要困境及破解思路

早在2016年之前,我国对民办学校分类管理就已经开始了诸多探索,而学界对此的探讨则要更早。在2010年前后,学界就已经对民办学校分类管理形成了比较集中的认识。一些主流观点认为,参考国际经验,按照营利和非营利对民办学校进行管理已经可以确定,只是需要进一步注意明确分类管理随之带来的举办者权益变化及保障问题。如教育经济学者王善迈认为,对民办教育实施分类管理有利于我国民办教育事业的发展,但在具体实施中应遵循自愿登记和政府审核两大原则,并对现行有关法规进行修改或调整,对两类民办教育机构制定不同的税收制度和既统一又有区别的财政支持制度及财会制度等。[①] 学者刘建银也认为,对民办学校实施分类管理能够解决长期以来困扰民办学校发展的营利性与非营利性、企业与非企业界限不明的问题,未来通过系统制定或修订有关税收、民法等领域的法律法规,可以更好地实现对民办学校的规范管理和有效支持。[②]

但学界也有一些学者对即将到来的民办学校分类管理持疑虑、批评甚至否定的看法,认为在过去多年来形成的民办学校办学利益格局没有理清,相关政策细则不明朗的情况下,如果按照营利和非营利对民办学校实施分类管

---

① 王善迈.民办教育分类管理探讨[J].教育研究,2011(12):32-36.
② 刘建银.民办学校分类管理的动因、目标与实现路径[J].国家教育行政学院学报,2011(4):49-52.

理,可能难以达到预期的效果。如学者忻福良等经过调研后指出,在是否允许举办者获得合理回报、不同出资方式所应享有的税费优惠等一系列问题没有完全理清之前,以营利和非营利为区分对民办学校实施分类管理的时机还不成熟,现有的民办教育发展模式已经符合国情,所以应继续在现行民办教育法律框架下进行相关探索。①学者吴华则直接指出,以营利和非营利区分对民办学校实施管理的"国家方案"中,有关不同类型民办学校对办学结余的处理方式和取得合理回报的规定,相比于早先时在温州开展分类管理试点形成的"温州方案",存在明显的系统性政策风险,会更多地鼓励营利性民办学校发展,这与相关制度设计初衷相悖。②

　　学界对民办学校分类管理的争议概括起来,实际上主要是对选择不同分类之后的民办学校的权益如何认定更为合理的争议,再进一步讲,就是对不同办学主体的权益如何认定和保障的问题有不同看法。对此,学者何金辉就梳理了学界对民办学校分类管理的分歧所反映出的法律依据问题。他认为,以营利和非营利为区分对民办学校实施分类管理,只是出于某种政策目标,而不是基于相应的法理逻辑,如果对举办者能否取得合理回报、享受税费优惠等事关民办学校发展利益的关键问题,在法理依据不明的情况下达不成法理共识,想要通过分类管理来解决诸多民办学校发展问题,只是一种权宜之计。③

　　对于围绕民办学校分类管理涉及的权益保障及相关配套政策制定的复杂性,一些学者试图在民办学校分类管理的"国家方案"之外,提出一些新的方案。如学者别敦荣认为,现实中在营利性和非营利性民办学校之间,还存在大量介于二者之间的民办学校,即不以营利为目的,但要求获得合理回报的学校,这部分民办学校具有较强的公益性,理应在分类管理政策设计上为其开辟有序发展的"第三条道路",避免强制"二分法"将这类民办学校挤出办学队伍。④ 学者王建也认为,在长期的办学实践中,我国民办学校实际上已经形成了四类办学形式,即不追求所有权和合理回报的、追求所有权但不要求合理回报的、追求所有权也追求合理回报的、纯粹以营利为目的的,在已经形成既有的利益格局的情况下,对民办学校实施分类管理时,要为从"四分法"

---

① 忻福良,陈洁.对民办学校实行分类管理的调研与思考[J].教育发展研究,2009(18):11-14.
② 吴华,章露红.对民办学校分类管理"国家方案"的政策风险分析[J].中国高教研究,2015(11):19-22.
③ 何金辉.民办学校分类管理的分歧与共识[J].教育发展研究,2010(10):42-47.
④ 别敦荣.论民办教育发展的"第三条道路"[J].华中师范大学学报(人文社会科学版),2012(3):137-142.

向"二分法"过渡做好相关制度准备和实践论证。①

2016年以后,随着新修订的《民办教育促进法》的出台,是否应以营利和非营利为区分对民办学校实施分类管理的讨论终于尘埃落定,但相关法律对民办学校分类管理的诸多具体方面仅给出了原则性的要求,政策细则由地方政府出台。因此,之后学界对民办学校分类管理的探讨开始进一步关注学校分类管理政策的执行。其中,与举办者办学激励相关的内容,如办学经费筹措、分类支持政策、办学监管等最受关注。学者们普遍认为,相关政策法规在关系到民办幼儿园产权激励、资产清算、补偿奖励、税费优惠等方面迫切需要进一步细化,仅重视形式分类而轻视分类背后的利益诉求,会造成办学者对分类管理政策的无所适从甚或不信任,最终影响社会力量办学的积极性。如学者杨程认为,在诸多政策细则中亟待明确的是"同等法律地位"和"差别化扶持"政策,"同等法律地位"关系着民办学校能否在土地支持、税收优惠等方面享受与公办学校相同的对待和公平的竞争环境,而"差别化扶持"则关系着非营利性民办学校能否得到充分支持,细化相关政策可以增进举办者对政策的理解和决策能力,增强分类管理政策的可执行能力及优化政策执行环境。②学者别敦荣则指出,由于有关资产清算、税费优惠、奖励补偿等政策细则不明,无论是营利还是非营利性民办高校都面临着发展前景不明、办学利益可能受损等问题,这会阻碍民办高校贯彻分类管理政策的动机,当务之急是在明确相关细则的同时,开展混合型高校发展试点,扩大民办高校的发展空间。③

从有关民办学校分类管理的研究看,学界实际上在国家相关政策正式落地之前,就已经对是否应以营利和非营利作区分对民办学校实施分类管理进行了大量讨论,从举办者权益保障的角度,对分类管理之后可能要处理的关键问题进行了分析。在分类管理政策正式颁布之后,相关研究实际上继续沿着先前所探讨的举办者权益保障的问题,结合现实政策执行中面临的实际困境,进行了更具体的分析,有些探讨已经不仅是单纯的教育管理问题,更涉及国家土地政策、财税政策等。

---

① 王建.民办学校分类管理——从"四分法"到"二分法"[J].北京大学教育评论,2012(2):21-41.
② 杨程.民办学校分类管理"同等法律地位"与"差别化扶持"政策研究.[J],教育科学研究,2019(10):21-26.
③ 别敦荣.民办高校实施分类管理政策面临的困境及其完善策略[J].高等教育研究,2020(3):68-76.

## 二、民办幼儿园分类管理面临的主要困境及建议

学界关于民办幼儿园分类管理的正式探讨,主要出现在民办教育分类管理政策正式出台之后,主要关注点与学界对整个民办教育分类关注的问题相同,即关注分类管理之后民办幼儿园举办者的发展权益保障及相关配套政策细则的设计问题。不过研究者们在具体分析相关问题时,切入的角度、隐含的价值取向以及提出的相关建议存在一定差异。

首先,从政策执行所遵循的基本规律来讲,民办幼儿园分类管理政策的推行必然需要考虑政策设计本身的完整性和可操作性,一些学者正是从相关政策设计本身存在的问题,分析民办幼儿园分类管理面临的困境。如吕武等人认为,民办幼儿园分类管理主要面临相关配套制度不健全且实际操作困难、部分民办幼儿园难以分类、过渡性政策和时间路线图缺位、当前利益与长远利益冲突等现实困境,因此应该在政策执行层面考虑不同类型民办幼儿园的办学利益,在分类认定、政策支持等方面给予相应保障,同时要明确非营利性民办幼儿园的内部治理结构和办学终止时的处理政策,以支持非营利性民办幼儿园更好地发展。①

其次,考虑到民办幼儿园教育涉及市场资源的配置问题,有学者从市场资源供给的角度分析民办幼儿园分类管理的切入点。如刘磊认为,学前教育的公益属性使得市场参与供给具有一定合理性,但与此同时也要注意市场的内在缺陷,因此对政府来说,可以利用市场机制吸引民间资本扩大学前教育资源,但要注意对民办幼儿园加强质量监管并弥补市场失灵,将扩大有质量的普惠性学前教育资源供给作为主要目标,最大限度实现营利性和非营利性两类民办幼儿园的社会效益。②

再次,鉴于我国民办幼儿园经过多年发展已经形成相对稳定的利益格局,推行民办幼儿园分类管理势必会引起相关利益关系的变化,一些研究侧重于从民办幼儿园自身发展条件和需求出发,分析相关政策设计改进的方向和思路。如胡晨曦等人通过对全国 11 个省 2 687 名民办幼儿园举办者的办园

---

① 吕武,刘益东.推进民办幼儿园分类管理的现实困境与政策应对[J].中国教育学刊,2017(3):19-23.

② 刘磊.新《民促法》背景下政府对民办幼儿园的有效治理——基于对学前教育市场功用与限度的分析[J].教育科学.2018(06):10-18.

意向进行实证调查发现,举办者选营选非的整体意向基本是五五分成,但各地有一定差异,而影响举办者的办园意向的因素主要是举办者作为"相对理性经济人"的决策方式以及民办幼儿园自身是否为普惠性民办幼儿园,因此要通过分类管理促进民办幼儿园整体向公益普惠发展,必须明确不同类型民办幼儿园的权责关系,保护民办幼儿园合理利益。① 李宏堡等研究者则分析了营利性民办幼儿园发展面临的困境,指出按照现有政策,有意选择办成营利性幼儿园的民办幼儿园实际上并不符合相关规定,之所以存在这样的矛盾,主要在于相关政策对营利性民办幼儿园的发展定位不合理,导致一些举办者无法做出自由的理性决策,因此应基于对营利性民办幼儿园的合理价值定位,为营利性民办幼儿园创造发展空间,同时建立相关风险方案体系,加强对营利园的监管。②

总的来看,目前关于民办幼儿园分类管理的研究主要集中在民办幼儿园外部政策环境的分析上,且主要还是从民办幼儿园自身发展利益保障的角度切入,实际上民办幼儿园外部政策环境的改善,只能是在大的民办教育分类管理政策框架下进行,民办幼儿园自身面临的分类管理困境在具体层面的突破,有待于更高层级政策的突破,但也不否认先从民办幼儿园自身探索开始,为宏观政策的改进提供参考。

## 三、已有研究评析

民办教育分类管理本身是要解决长期以来困扰民办学校发展的诸多现实问题。有学者将其概括为:公益属性和"投资办学"的矛盾、合理回报的制度缺陷、法人地位的模糊不清。③ 实际上归根结底就是市场与政府之间的利益关系如何协调的问题。基于市场与政府的合作来实现公共目标,是近些年教育体制改革探索的重点,也是学界研究的热点话题,其在不同教育层次上牵涉到的利益关系盘根错节、十分复杂,某种程度上也反映了民办教育分类管理的复杂性。就目前有关民办学校和民办幼儿园的分类管理看,宏观层面的民办学校

---

① 胡晨曦,魏聪,胡晨方,王海英.分类管理背景下民办幼儿园办园意向研究——基于对全国11个省2687位民办幼儿园举办者的实证调查[J].教育发展研究,2018(8):28-37.
② 李宏堡,王海英,魏聪.发展营利性幼儿园的现实困境、认识转向及策略应对[J].中国教育学刊,2020(06):68-72.
③ 董圣足.民办学校分类管理推进政策研究[M].上海:华东师范大学出版社,2020:1.

分类管理研究已经触及了复杂利益关系调整的关键节点,并且揭示出亟待在国家和地方政府层面突破的政策内容,如土地供给问题、财税缴纳问题、资产清算问题等,可以认为学界对分类管理的标准和程序已没有异议,主要关注如何从政策细则的设计上,综合多学科视角给出更有针对性的建议。

而从民办幼儿园分类管理的研究看,基本上认为现有的民办学校分类管理政策不能够直接指导和协调民办幼儿园举办者和政府之间的利益冲突,多数研究主要是从保护民办幼儿园举办者合理权益的角度,探讨如何更好地激发民办幼儿园办学积极性的同时,引导民办幼儿园向着普惠且有质量的方向发展,并给出了诸多原则性的、方向性的建议,但很少涉及相关利益冲突的本质及原因。如民办幼儿园举办者的办学利益在产权激励政策上的具体要求,因自身产权结构的特殊性,与民办高校、民办中小学有很大差别,由此对政府相关激励政策的诉求会有很大不同,但学界在相关方面还缺乏足够的实证调研和系统论证。实际上有关民办幼儿园举办者办学权益保护、整体发展方向定位等问题,现有政策已经十分明确,关键是协调相关利益关系的边界和尺度该如何把握,其突破点只能是基于各方利益冲突的本质及背后的各类资源分配情况,探索相关政策改进的具体目标、思路和明晰各方权责边界。

## 第四节　本书研究的思路及结构安排

### 一、要解决的主要问题

从已有研究进展及民办幼儿园分类管理政策执行的基本情况看,民办幼儿园分类管理与支持制度推进所面临的具体困境不只是表面的有关民办幼儿园权益保障的政策细则缺少、政府分工职责不明晰等,深究背后隐含的深层次原因,实际上牵涉到诸多教育管理之外的政策法规建设问题、政府部门的决策能力问题等。基于此,本书旨在解决的主要问题可以概括如下:

第一,现行的民办幼儿园分类管理标准与早期的民办幼儿园分类管理探索之间是什么关系。考虑到我国针对民办幼儿园发展进行过与现行分类管理标准及要求不尽相同的分类管理探索,并且相关政策设计及探索经验依然在当下的民办幼儿园分类管理过程中有一定延续,那么厘清二者之间是什么关系,是否存在相互影响或继承,各有何种优缺,有助于更好地理解当前民办幼儿园分类管理标准执行的困境及背后隐含的深层原因。

第二,民办幼儿园分类管理中政府的职能边界和工作重点是什么。传统上,学界在讨论民办幼儿园管理时,倾向于从教育的理想价值出发,对政府提出相应的要求,但从政府职能履行以及资源配置的一般规律而言,要实现理想的教育管理目标,往往是渐进式的、选择次优政策方案的结果,其中不同时期政府的职能边界和工作重心都有所不同。为此,从民办幼儿园分类管理面临的一系列具体发展障碍出发,需要明确在整个分类管理政策不断推进的过程中,政府的职能边界和工作重点包含哪些内容,才能进一步提出可行的政策建议。

第三,民办幼儿园分类管理制度的有效推进应遵循哪些逻辑。民办幼儿园分类管理涉及政府、民办幼儿园举办者、幼儿家长等多个利益群体,各方在围绕自身权益的博弈过程中,决策与行动的逻辑有很大不同,因而彼此之间的利益冲突同时也反映了相应的逻辑冲突。因此民办幼儿园分类管理制度的推进就是基于各种逻辑的内涵和关系,寻找各方行动逻辑的契合点,为各方利益冲突寻找最佳的突破点,成为本书要解决的重要问题。

## 二、研究内容和框架

### (一)主要研究内容

**1. 民办幼儿园分类管理标准的内涵及其演变历程、依据、影响因素**

学界关于民办学校分类管理标准的讨论一直都存在,只不过在相关政策颁布之后,学界对分类管理标准的讨论转移到标准的执行条件创设上,而在正式的分类管理标准确定之前,我国就已经在民办幼儿园领域探索过以普惠和非普惠为区分的分类管理。无论是早先对民办学校分类管理标准的争议,还是当下基于新的分类标准对民办幼儿园实施管理时面临的具体困境,背后隐含的是一系列基于标准的管理思维和政策目标的变化,从对民办幼儿园分类管理标准的演变历程中应该能够分析出不同时期民办幼儿园发展的制度诉求,为后续进一步完善分类管理政策的执行思路提供指引。对此,本书着重对以下内容进行了研究,分别是:(1)民办幼儿园分类管理标准演变的历史特征;(2)影响民办幼儿园分类管理标准制定的因素;(3)民办幼儿园分类管理制度推进的应然取向。

2. 民办幼儿园分类管理与支持制度建设的重点及政府职能履行的相关要求

民办幼儿园分类管理是要对包括民办幼儿园举办者在内的相关利益者的权益和义务进行新的区分和明确,进而协调各方权益关系,其最终目的是激发社会力量办学积极性的同时,还能确保民办幼儿园整体朝着普惠且有质量的方向发展。由于教育治理理念强调权利和义务对等的原则,需要多方参与民办幼儿园分类发展和分类管理,而政府作为政策制定和执行的主体,如何基于教育治理的基本理念,在明确自身决策重点、正确履行政府职能方面发挥应有的作用,需要基于对当前民办幼儿园分类管理实际面临的各种挑战和困境进行分析论证而得出。为此,本研究主要探讨了以下几方面内容,分别是:(1) 民办幼儿园分类管理与支持制度推进面临的主要挑战;(2) 民办幼儿园分类管理与支持制度实施要处理的主要关系;(3) 民办幼儿园分类管理与支持制度推进的基本思路。

3. 民办幼儿园分类管理与支持制度建设应考虑的基本逻辑

从包括民办幼儿园分类管理政策实际推行的情况看,各方相关利益者在实际参与相关政策执行时,分别采取了不同的行动逻辑,而相应的行动逻辑背后隐含的是其核心利益诉求及相应的决策方式。如政府部门在履行相关职能时,主要遵循事实逻辑,即"法无授权不可为";学者们在分析教育问题并提出相关政策建议时,一般遵循价值逻辑,即按照教育事业发展的理想状态对政府管理目标提出要求。基于教育治理的理念来推进民办幼儿园分类管理政策,就不能单纯地站在某个利益群体的角度去思考政策设计的合理性,必须寻求对相关政策执行障碍的多元理解,理顺相关逻辑矛盾。为此,本研究主要探讨了以下内容:(1) 民办幼儿园分类管理与支持制度的建设要考虑的主要逻辑类型及内涵;(2) 民办幼儿园分类管理与支持制度的执行要处理的主要逻辑矛盾;(3) 民办幼儿园分类管理与支持制度的改进要协调的主要逻辑关系。

### (二) 本书的基本框架

基于本研究要解决的主要问题和研究的主要内容,本书的主体部分共分为绪论(第一章)、正文(第二章到第五章)、参考文献三个部分。

第一章为绪论,主要介绍本研究的时代背景和研究意义,同时基于文献综述的梳理,就本研究要解决的主要问题和分析的主要内容进行介绍。此外,还对研究相关问题的理论基础、研究方法及思路进行介绍,最终提出本书的整体框架。

第二章梳理分析了民办幼儿园分类管理与支持制度建设的历史沿革,概括了相关标准出台的背景,并就其中所反映的规律性问题和特征进行了分析,指出在国家层面和地方层面依据相关分类标准执行民办幼儿园分类管理面临的主要挑战和困境。

第三章对民办幼儿园分类管理与支持制度建设要着重处理的主要关系进行分析,指出长期以来相关政策实践中存在广泛争议的一些认识,揭示各类关系背后隐含的相关利益者诉求及合理性,并提出处理各种关系的基本思路。

第四章着重对民办幼儿园分类管理与支持制度建设要遵循的主要逻辑进行分析,并对目前相关制度推进逻辑中存在的问题进行探讨,提出按照相应的逻辑,民办幼儿园分类管理制度推进应遵循的基本思路。

第五章对民办幼儿园分类管理与支持制度推进面临的主要挑战及成因进行分析,指出应对相关挑战和问题的基本思路及建议。

## 三、主要研究方法及思路

### (一) 主要研究方法

1. 内容分析法

本研究利用 N-vivo 等质性分析软件,就收集获得的相关政策文本、主流媒体新闻报道、访谈材料等进行编码分析,以分析获得现行相关政策制度设计与实施的基本理念、民办幼儿园分类管理实践要解决的核心问题、相关利益者基本诉求、未来相关制度建设的基本思路等重要信息。

2. 访谈法

通过编制半结构式访谈问卷,选择东、中、西部民办幼儿园发展具有典型特征的地区教育部门行政干部、民办幼儿园举办者或出资者进行访谈,了解不同利益相关者对民办幼儿园分类管理和支持问题的认识、诉求、建议等。

### 3. 问卷法

通过编制结构性调查问卷,分别选择东、中、西部不同类型的民办幼儿园举办者或管理者进行问卷调查,了解不同民办幼儿园举办者或管理者对国家及地方现有民办幼儿园分类管理与支持政策的内容、实施举措及实际效果的看法。

### (二)研究思路及理论基础

本研究主要以公共产品理论、制度变迁理论以及政府治理理论为理论基础,为研究和解决主要问题构建相应的理论解释框架。

公共产品理论是当前学界在分析公共产品供给时所依据的主要理论框架,其对公共产品属性与产品供给方式的关系有着系统且严谨的解释力,可以为政府更好地处理自身与市场的关系,选择恰当的公共产品供给方式并制定相关制度提供重要参考。在本研究中,民办幼儿园教育作为整个学前教育的一部分,同属于准公共产品,但不同民办幼儿园提供的教育服务的公益性会有较大差别,这是民办幼儿园分类管理的一个重要依据。为了更好地引导民办幼儿园整体向着带有强公益性的普惠与有质量的方向发展,政府与市场需要找到一种更为多元、有效的合作方式,而公共产品理论可以为此提供指引和启示。

制度变迁理论目前被广泛用于分析公共政策的制定与有效执行的基本条件及影响因素,可以为分析公共政策制定的合理性以及优化政策执行方案提供理论参考。我国民办幼儿园分类管理有着比较长的实践探索过程,无论是对过去一般性的民办幼儿园管理政策的继承,还是对宏观层面民办学校分类管理基本思路的贯彻,现实中民办幼儿园分类管理客观上面临各种政策设计与执行的问题,借用制度变迁理论可以为相关问题的分析和破解提供思路。

政府治理理论中强调的多元共治、广泛参与、良性互动,已成为当前我国社会管理体制改革探索的重点,表明其对于解决当下包括民办幼儿园教育发展在内的很多社会公共事务具有重要的参考意义。民办幼儿园分类管理涉及十分复杂的利益关系,传统由上至下、威权式的政府管理模式,对于调整相关利益关系显得十分力不从心。而政府治理理论所强调的依靠多个利益相关者共同参与、合理分工来分担管理成本,提升管理效率的基本思路,能为解决民办幼儿园分类管理中存在的诸多具体问题提供良好支持。

基于以上理论基础,本书在围绕主要研究问题进行论证分析时,采用了理论探讨与逻辑实证相结合、系统思考与重点分析相结合的原则,综合运用内容分析法、访谈法和问卷法,对民办幼儿园分类管理与支持制度建设和实施中存在的主要理论与实践问题进行系统且深入的调查、梳理和分析,在明确相关问题的根本成因的基础上,借鉴国内外相关研究经验和实践举措,确定问题解决的基本方向;同时,结合对民办幼儿园分类管理标准与依据的回溯分析,以及对政府与市场合作推动民办幼儿园分类管理的各种逻辑关系进行分析,进一步对相关制度推行需要破解的关键问题进行系统探讨,并按照政策设计与执行的基本规律确定相关问题解决的政策方案,最后为在现有国情下推动民办幼儿园分类管理与支持制度建设与实施提供具体的政策建议。

# 第二章
# 民办幼儿园分类管理与支持制度建设的历史沿革

严格地讲,我国民办幼儿园分类管理与支持制度的建设,起步并不早。虽然新中国成立后就存在民办幼儿园,但民办幼儿园发展定位真正得以明确并获得专门的政策关照,已到了改革开放之后。而出现明确的民办幼儿园分类管理思路则是在2010年之后,前期尽管学界已经对宏观层面的民办教育分类管理进行了一些探讨和思考,但对民办幼儿园的关注则很少,相关政策完全是空白。随着民办幼儿园的快速发展,民办幼儿园在整个学前教育事业发展中所发挥的作用越来越大,与此同时相关问题也日趋增多,国家开始进一步思考如何更好地引导民办幼儿园健康、有序发展,为社会生产、生活提供更好的支持。在此背景下,有关民办幼儿园分类管理的政策探索开始出现。

一般而言,政府对社会事务进行分类管理,主要是按照管理对象自身属性和功能定位进行分类,如《中华人民共和国公务员法》是按照公务员职位的性质、特点和管理需要等将公务员分为三类进行管理。分类管理的依据实际上反映了政府对某类公共事务的基本定位,从中可以判断出政府在某个特定的历史阶段,对某类社会事务的发展期待,并由此再延伸出相关的配套政策。我国民办幼儿园分类管理依据的最终确定,经历了较长一段时间的探索,其发展变化背后隐含着政府对民办幼儿园教育的功能、属性的基本认识和价值判断。

目前来看,从民办幼儿园分类管理依据的演变,大致可以将民办幼儿园分类管理政策的探索分为两个阶段,这两个阶段的相关政策不仅内容上密切联系,且政策设计思路上还有一定的继承性。由于教育政策的本质是调整教育利益[①],这不仅包括分配经费、条件、机会、权利、权力等现实资源的物质性政策,还存在较多分配价值资源的象征性政策,如促进社会公平和平等。[②] 因此可以认为,民办幼儿园分类管理的阶段性政策探索,本质上是要应对不同时期各种教育利益关系的变化,重新对相关利益者的权利和义务进行划分,而对应的政策手段就是如何支持和管理。对此,本章在对我国民办幼儿园分类管理相关政策探索进行系统梳理时,分别从民办幼儿园分类管理政策探索的不同阶段的历史特征入手,就国家和地方政府层面相关政策设计的目标、对象、具体措施等进行分析,揭示其中存在的关键问题,并尝试提出相应的政策调整建议。

## 第一节　民办幼儿园分类管理的依据及阶段

如果以政府是否明确将民办幼儿园按照某个标准区分为不同的类型,分别加以监管、扶持并提出相应的发展要求,作为民办幼儿园分类管理的开始,那么在宏观层面的民办教育分类管理依据及相关政策仍然在讨论时,针对民办幼儿园分类管理的政策实践探索就已经开始,并且还形成了一系列的政策文件。当然,需要指出的是,民办幼儿园分类管理政策的先行探索,也是建立在前期的民办幼儿园管理政策实践基础之上的。民办幼儿园分类管理探索实践的真正开始主要以两份政策法规文件的出台为标志,即 2010 年出台的"国十条"和 2016 年新修订的《民办教育促进法》,大致上可以将民办幼儿园分类管理分为三个历史阶段。"国十条"确定了我国大力发展普惠性学前教育的战略目标,而新修订的《民办教育促进法》则正式明确要对民办学校以是否以营利为目的为区分进行分类管理。由此,民办幼儿园分类管理的这三个阶段可以概括为民办幼儿园分类管理的准备阶段、以普惠性为区分的民办幼儿园分类管理阶段和以营利性为区分的民办幼儿园分类管理阶段。

### 一、民办幼儿园分类管理的准备阶段

在最早涉及民办幼儿园分类管理的一些政策文件中,起初是针对民办幼

---

① 祁邢雨.超越利益之争——教育政策的价值研究[M].北京:高等教育出版社,2003:59.
② 范国睿,杜成宪.教育政策的理论与实践[M].上海:上海教育出版社,2011:9.

儿园与公办幼儿园一同提出"分类指导"和"分类定级"的要求。如2003年由教育部发布的《关于幼儿教育改革与发展的指导意见》中,要求按照幼儿园的实际办学水平,在分类认定办学水平和级别的同时,可以根据幼儿园实际办学情况,分别在日常管理、教育教学等方面给予相应的业务指导。严格地讲,这其实还并不是专门针对民办幼儿园实施的分类管理,也没有对民办幼儿园提出分类发展的要求。但在民办幼儿园分类管理政策探索正式开始之前,我国对民办幼儿园管理的探索实践就一直在进行,前期大量的政策思路和实践经验,客观上在后期民办幼儿园分类管理政策中得到了继承和发展,尤其是在规范民办幼儿园办学方向及政策扶持等方面,不断细化相关政策规定,为后来民办幼儿园分类管理政策的制定提供了诸多参考。这一准备阶段又大致可以分为三个时期:

1. 第一个时期(1978年—1992年)

从1978年改革开放开始,我国各项教育事业重回正轨。从1979年由中共中央和国务院发布的《全国托幼工作会议纪要》中提出企业办园必须面向社会开始,到1983年,受到农村家庭联产承包责任制经济改革的启发,在由当时的国家教委发布的《关于发展农村幼儿教育的几点意见》中提出允许个人办园的设想,都可以看作是国家逐步认可民办幼儿园发展的价值和意义,并着手布局民办幼儿园发展的开始。到了1989年《幼儿园管理条例》的颁布,明确提出鼓励各类社会力量举办或捐资助园,更是确定了社会力量办园的合法性地位,民办幼儿园正式在法律层面得到国家认可。除了民办幼儿园合法性地位的确立,更重要的是政府部门分工管理机制的初步确立。在1988年由国家教委等部门发布的《关于加强幼儿教育工作意见的通知》中提出,我国幼儿教育事业在管理方面应遵循地方负责、分级管理和各有关部门分工负责的原则,同年10月国家教委又发布了《关于社会力量办学几个问题的通知》,其中更是明确了由教育行政部门来管理社会力量所举办的学校或教学管理机构。可以看出,这一时期属于民办幼儿园发展地位逐步被确立和规范化的重要时期。

2. 第二个时期(1992年—2002年)

从1992年开始,我国社会经济体制改革开始加快,很多被作为单位福利性机构的公办幼儿园从原单位剥离出来,由此带来了民办幼儿园发展的一些新情况。一些国有企业办园、集体办园和事业单位办园,开始通过"关、停、并、转"等方式谋求发展,于是出现了转让给社会资本独立经营或原单位有限参与的股份制民办幼儿园。为了配合整个经济体制改革的开展,同时防止国有资产流失,国家教委等部门在1995年发布了《关于企业办幼儿园的若干意见》,对企业办园的转制进行了规范和引导。1997年,国务院颁布了《社会力量办学条例》,从法律层面支持了社会力量办园。同年,由国家教委发布的《全国幼儿教育事业"九五"发展目标实施意见》,针对幼教事业发展经费不足、幼儿园供需矛盾突出的问题,提出可以通过政府、家长、幼儿园自身、社会等多方渠道,以拨款、缴费、捐助、自筹等多种形式解决。社会力量办园可以根据家长需求向更加多元化、多样化的方向发展,但也特别指出社会化办园的历程要遵循社会发展的规律,政府要做好本职工作,既要办好教育部门的幼儿园,也履行好监管社会化办园的责任。总的来看,这一时期多种形式办园客观上存在着多头管理、职责不清、操作混乱的问题,与当时的相关政策法规对此不够明确,以及对于民办幼儿园的内部管理也缺乏相应的要求和监督有直接关系。

3. 第三个时期(2003年—2009年)

这一时期有两份非常重要的政策文件,一份是2003年由国务院发布的《关于幼儿教育改革与发展指导意见的通知》,其中明确提出要发展以社会力量办园为主体,公办幼儿园为骨干和示范的发展方针,要求在审批注册、分类定级、教师培训等诸多方面,民办幼儿园要与公办幼儿园同等对待,同时加强对其监督和指导,规范办学方向。另一份是2003年9月开始实施的《民办教育促进法》,在原有《社会力量办学条例》的基础上,对其中的民办学校法人地位、办学权利保障、利益回报等关键内容进一步加以明确,这对民办幼儿园发展同样具有重要影响。不过这一时期民办幼儿园在蓬勃发展的过程中,也出现了一些因监管不力、审批不严、管理不规范而导致的幼儿意外伤害事故。对此,教育部颁布了多项政策文件,如针对收费管理的《民办教育收费管理暂行办法》,针对审批和管理的《教育部关于加强民办学前教育机构管理工作的通知》等。概括起来,这一阶段民办幼儿园管理政策进一步强调了依法管理,并对关系民办幼儿园发展的诸多方面进行了明确,如民办幼儿园营利与合理回报的问题、法律地位的问题。

从以上民办幼儿园管理政策建设的三个时期可以看出,早期的民办幼儿园管理政策的重点还只是集中在确认民办幼儿园的办学定位和主管部门、规范民办幼儿园的基本办学行为以及保障民办幼儿园发展的基本权益等方面,对于民办幼儿园的多元发展诉求以及如何更好地激发社会力量参与办学的积极性还缺乏足够的政策考量。这些方面成为后续民办幼儿园分类管理政策探索的重点。

## 二、以普惠性为区分的民办幼儿园分类管理阶段

2010年，在国务院印发的"国十条"中明确指出："各地根据国家基本标准和社会对幼儿保教的不同需求，制定各种类型幼儿园的办园标准，实行分类管理、分类指导。"其中的"分类管理"虽然并没有明确指出是针对民办幼儿园，但这一要求被放在"幼儿园准入管理"部分，考虑到公办幼儿园办学通常作为政府行为，都会严格遵循相关的准入程序，因此可以认为这里的"分类管理"就是主要针对民办幼儿园。在"国十条"中还有一部分内容专门针对不同类别民办幼儿园的发展扶持，相关规定基本上奠定了后续民办幼儿园分类管理与支持的基本思路。如文件中指出："鼓励社会力量以多种形式举办幼儿园。通过保证合理用地、减免税费等方式，支持社会力量办园。积极扶持民办幼儿园特别是面向大众、收费较低的普惠性民办幼儿园发展。采取政府购买服务、减免租金、以奖代补、派驻公办教师等方式，引导和支持民办幼儿园提供普惠性服务。民办幼儿园在审批登记、分类定级、评估指导、教师培训、职称评定、资格认定、表彰奖励等方面与公办幼儿园具有同等地位。"从中可以看出，虽然总体上国家要求各级政府支持民办幼儿园发展，但实际上对普惠和非普惠民办幼儿园的支持力度有明显差别，明确指出要通过相关政策设计引导民办幼儿园实现分类发展。从2010年以后，中央政府各部门又陆续发布了一系列有关民办幼儿园发展的政策文件，如《关于加大财政投入支持学前教育发展的通知》（2011年）、《中央财政扶持民办幼儿园发展奖补资金管理暂行办法》（2011年）、《中央财政支持学前教育发展资金管理办法》（2015年）等。这些政策文件无一例外地延续了"国十条"中发展民办幼儿园的基本思路，即以是否普惠为依据，利用各种财政手段重点扶持普惠性民办幼儿园发展。

结合不同时期我国社会发展的基本情况以及有关民办幼儿园管理的相关政策内容不难看出，我国对民办幼儿园的管理思路是随着社会发展对学前教育的需求而逐渐变化的。在"国十条"发布之前，我国政府对民办幼儿园的管理并没有明显的分类思维，仅是将民办幼儿园视为满足民众学前教育需求

的一个重要力量,在政策法规层面强调一视同仁地进行管理和提供支持。但随着民办幼儿园快速发展以及公办幼儿园教育资源增长有限,民众的学前教育需求与优质普惠的学前教育服务供给之间的矛盾,开始集中反映在了民办幼儿园教育身上。"入园贵、入园难"问题促使各级政府思考如何快速扩大普惠性学前教育资源,而已经占据学前教育事业半壁江山的民办幼儿园自然被寄予厚望。"国十条"在继续明确公办幼儿园发展方向和思路的同时,基于社会对学前教育的功能要求,明确以是否普惠为区分,重点支持具有较强公益性的普惠性民办幼儿园发展,在早期支持民办幼儿园发展的若干原则性政策要求的基础上,进一步细化了分类支持的策略和思路。这些策略和思路又在后续的一系列文件中进一步被强调和细化。但与此同时,如何对普惠与非普惠民办幼儿园进行不同的、针对性的管理,相关政策文件并没有明确区分。

概括起来,以是否普惠为分类管理和支持的标准,其依据的是特定时期民众对普惠且有质量的学前教育的迫切需求。再进一步讲,作为普惠性民办幼儿园至少也要满足付得起、达得到、配得齐、广覆盖、适度普惠等几项要求。① 按照这样的分类管理依据和思路,我国普惠性幼儿园尤其是普惠性民办幼儿园获得了长足发展。根据教育部公布的数据,截至2019年底,全国普惠性幼儿园占全国幼儿园的比例为72.1%②,这已经十分接近教育部在2017年制定的《关于实施第三期学前教育行动计划的意见》中确定的目标,即"普惠性幼儿园覆盖率(公办幼儿园和普惠性民办幼儿园在园幼儿数占在园幼儿总数的比例)达到80%左右"。③

## 三、以营利性为区分的民办幼儿园分类管理阶段

2016年之后,随着新修订的《民办教育促进法》的出台,民办幼儿园正式进入以是否以营利为目的进行区分的分类管理时代。实际上在这一分类标准出现之前,在国家的相关政策文件中关于民办学校是否可以营利的表述,既模糊又矛盾。一方面,尽管我国在20世纪90年代初就确定了国家财政性

---

① 姜勇,李芳,庞丽娟.普惠性学前教育的内涵辨析与发展路径创新[J].学前教育研究,2019(11):13-21.
② 教育部.中国教育概况——2019年全国教育事业发展情况[EB/OL].2020-08-31.http://www.moe.gov.cn/jyb_sjzl/s5990/202008/t20200831_483697.html,2021-06-11.
③ 教育部.教育部等四部门关于实施第三期学前教育行动计划的意见[EB/OL].2017-05-16. http://www.moe.gov.cn/srcsite/A06/S3327/201705/t20170502_303514.html,2021-06-11.

教育经费支出要占国内生产总值4%的目标,但直到2012年才达到这一目标,这在某种程度上反映出我国公共教育资源长期紧张的现实。在这种背景下,我国政府依然将利用财政资金鼓励社会力量参与办学作为我国教育发展战略中的一个重要内容。不过我国的民办教育主要是社会力量投资办学①,而社会力量投资办学的基本动机是获得相应的办学收益,因此大多数民办学校必然带有一定的营利性特征,政府必须保证民办学校可以获得相应的合理收益,才能激发社会力量参与办学的积极性。但另一方面,我国又长期将民办教育视为一种公益事业,严格约束民办学校营利行为,如在1995年颁布的《教育法》、1997年颁布的《社会力量办学条例》以及2002年颁布的《民办教育促进法》中都明确提出,不得举办以营利为目的的学校。相关政策文件虽然并未明确指出营利性一定与公益性相矛盾,但"不以营利为目的"一定是为了避免过度逐利的行为对教育公益性的损害,其与实现教育的公益性目的符合逻辑自洽。② 为了调和民办学校追求一定盈利和凸显办学公益性之间的矛盾,在2002年颁布的《民办教育促进法》中,提出了民办学校可以依法取得"合理回报"的说法。但这样一种模糊的法律规定,并未真正解决民办学校是否可以营利以及应如何规范民办学校的营利性办学行为,才能确保民办教育发展的公益性问题。

在这样的政策背景下,对于社会力量投资举办幼儿园是否可以营利以及如何规范民办幼儿园的营利行为,我国政府结合民办幼儿园实际发展情况,进行了相应的探索。除了要求民办幼儿园按照2002年颁布的《民办教育促进法》中的相关规定依法获得办学收益外,对于获取办学收益的具体方式进行了相应的政策探索,如在教育部等部门联合印发的《幼儿园收费管理暂行办法》中规定,民办幼儿园保教费收取标准执行备案制,且依据是否为普惠性幼儿园,其收费标准又有受限和不受限的区分。在有关"营利性"的问题未在更高层级的政策法规中加以明确的情况下,鉴于民办幼儿园快速发展的需要,针对民办幼儿园的分类管理开始绕过"营利性"问题,以保教收费是否普惠为区分进行分类管理。

在2016年新修订的《民办教育促进法》出台之后,以普惠性为区分的分类管理标准要过渡到以营利性为区分的分类管理标准,相关政策设计考虑到了

---

① 邬大光.我国民办教育的特殊性与基本特征[J].教育研究,2007(1):3-8.
② 董圣足.民办学校分类管理推进策略研究[M].上海:华东师范大学出版社,2020:3.

两种标准及配套政策如何衔接的问题。如在《中共中央国务院关于学前教育深化改革规范发展的若干意见》中指出:"积极扶持民办园提供普惠性服务,规范营利性民办园发展,满足家长不同选择性需求","非营利性民办园(包括普惠性民办园)收费具体办法由省级政府制定。营利性民办园收费标准实行市场调节,由幼儿园自主决定。地方政府依法加强对民办园收费的价格监管,坚决抑制过高收费。"从中可以看出,按照新的民办幼儿园分类管理标准,先前以普惠性为分类管理标准的相关政策要求,并没有被否定或消除,而是被纳入了新的分类标准体系中,即无论是普惠性民办幼儿园还是非普惠性民办幼儿园,按照是否以营利为目的,可以进一步作区分并套用新的政策。理论上讲,按照新的分类管理标准,民办幼儿园可以分为四类,即营利性民办普惠园、非营利性民办普惠园、营利性民办非普惠园和非营利性民办非普惠园。概括起来,在以是否以营利为目的为分类管理标准阶段,相关标准确定的依据主要是考虑民办学校的营利性行为,如果不加以控制和规范,将会损害教育的公益性,这在民办幼儿园的快速发展的过程中已经有所体现,而过去以普惠性为区分的分类管理方式,并不能解决这一问题。

## 四、后两个阶段的区别及联系

### (一)主要区别

分类管理标准既是区分民办幼儿园办学属性的尺度,也反映了政府在特定时期推动民办幼儿园发展的重点。纵观整个民办幼儿园分类管理标准演进的过程,前后两种分类管理标准虽然有衔接和联系,但除去表述上的不同,这种表面差异也隐含着一些本质上的区别,主要体现在以下三方面:

1. 政策重点不同

在以普惠性为分类管理标准的阶段,相关政策最直接的目的是尽可能快速地扩大普惠性学前教育资源,为此相应的政策重点是如何降低民办幼儿园收费门槛。考虑到民办幼儿园收费门槛由其办学成本决定,在降低办学成本的同时还要保证办学质量,而如何在维持总的办学成本投入的情况下,适当分担民办幼儿园的办学成本,衍生出的政策举措就包括进行办学成本核算、税费减免、经费补贴等。

在以营利性为分类管理标准的阶段,相关政策最直接的目的是尽可能规范民办幼儿园追求办学收益的行为,抑制可能的过度逐利行为对民办幼儿园教育公益性的损害,为此相应的政策重点就是如何规范民办幼儿园对办学经费的使用。按照相关政策法规中的要求,营利性与非营利性民办幼儿园最大的区分是对办学结余的处置方式要求不同,前者的办学结余可以用于收益分配,后者的办学结余则需全部用于办学,而要实现对民办幼儿园办学结余处置方式的有效监管,衍生出的政策举措就包括财务审计与备案、经营管理与关联交易、经费筹措和信用制度等。

2. 执行方式不同

以普惠性为分类管理标准来区分出普惠性民办幼儿园和非普惠性民办幼儿园,主要是根据民办幼儿园的外部功能进行判断,执行这一标准的难度比较低,只要把握幼儿园收费门槛这一个指标就可以判断幼儿园的类型。至于在办学质量、内部管理、财务运行等方面的政策要求,是对所有类型的幼儿园的共性要求,与幼儿园是否普惠没有必然的联系。

而以是否以营利为目的作为分类管理标准来区分出营利性和非营利性民办幼儿园,主要是根据民办幼儿园的内部管理过程来进行判断,执行这一标准的难度较高,往往需要综合了解包括财务运营过程、办学成本核算、经费使用方式等多方面信息,才可以准确地判断其是属于营利性还是非营利性民办幼儿园。

3. 政策导向不同

以普惠性为分类管理标准,实际上是默认民办幼儿园举办者只要符合收费普惠且办学有质量的条件,就能够得到政府的相应支持,而对于民办幼儿园举办者如何实现这一目标,则不是政府部门管理的重点,这实际上留给了民办幼儿园比较充分的自主办学空间。在面对行业竞争时,民办幼儿园举办者可以在努力降低不必要的办学成本的基础上,根据自身情况选择是否向社会提供普惠性学前教育服务来获得政府支持和更多的发展机会。加上市场调节,民办幼儿园举办者实际上面临两种办学方式,即举办高收费、高质量的民办幼儿园和普惠性收费且有质量的民办幼儿园。考虑到高收费、低质量的民办幼儿园会在市场竞争中快速被淘汰,而高收费、高质量的民办幼儿园主要是面向高收入群体提供个性化教育服务,只要政府对于普惠性民办幼儿园的支持能够持续稳定、加大力度,同时做好办学质量监控,有质量的普惠性民办幼儿园教育资源必然会迅速扩大。

而以是否以营利为目的为分类管理标准,在现有政策框架下对民办幼儿园的财务制度、办学经费筹措、办学结余处置等内部管理过程有严格要求,但实现相关要求,对民办幼儿园自身的管理能力及相关制度建设是个考验。我国民办幼儿园同其他类型的民办教育一样,经过几十年的发展,在利益分配结构、经费筹措方式、办学运营模式等方面已经形成了十分多元的发展格局。面对新的分类管理要求,民办幼儿园内部管理诸多方面都要重新调整和统一规范,而鉴于民办教育分类管理政策的很多细则仍在探索中,包括民办幼儿园在内的民办学校通过与政府的不断博弈来逐步规范内部管理,以满足举办成营利或非营利性民办学校的各项条件,将成为这一时期民办幼儿园自身发展的一个重要目标。

### (二)主要联系

本质上讲,两类分类管理标准没有优劣之分,都是在特定的历史阶段为了更好地推动民办幼儿园发展而做出的政策选择。但是从长远来看,民办幼儿园分类管理要最终实现既定的政策目标,必须考虑如何利用不同分类管理探索时期所积累的管理经验,以确保民办幼儿园分类管理政策执行的连续性、稳定性。这需要充分肯定两种分类管理标准之间的内部联系。

1. 政策目标

以普惠性为分类管理标准和以是否以营利为目的为分类管理标准,在政策执行的终极目标上都是统一的,最终都是为了促进民办幼儿园的规范发展和扩大普惠性民办幼儿园教育资源,只是在实现这一目标的政策重点和切入点上有所不同。按照目前的民办幼儿园分类管理标准,实际上是在过去普惠与非普惠的"二分法"之上,加入了新的分类依据,使得民办幼儿园分类管理实际上遵循的是"四分法",即前文提到的营利性民办普惠园、非营利性民办普惠园、营利性民办非普惠园、非营利性民办非普惠园。在这四类幼儿园中,非营利民办普惠园无疑是未来民办幼儿园发展的主体,营利性民办非普惠园、非营利性民办非普惠园则为满足民众多元、个性化的教育需求提供了选择,而受客观的办学成本及财务制度约束,营利性民办普惠园很难生存发展。两种分类管理标准的叠加,实际上为形成更为多元的学前教育服务体系进一步厘清了思路。

2. 扶持要求

对比先后两个分类管理阶段有关民办幼儿园发展支持的政策条文,不难看出相关政策有很多相互重叠之处。概括起来,适用于对非营利性民办幼儿园进行扶持的政策也同时适用于普惠性民办幼儿园,但适用于普惠性民办幼儿园的政策则不一定适用于非营利性民办幼儿园。这是因为按照新的分类标准,非营利性民办非普惠园的收费门槛较高,决定了其公益性相比于普惠性民办幼儿园要更弱而私有性则更强,但考虑到其办学结余要全部用于办学,相比于营利性民办幼儿园,幼儿及家长受益最大,又使其具有一定的公益性,因而给予一定办学支持也是合理的。在新的分类管理标准下,实际上是对不同类型的民办幼儿园的公益性进行了更为细化的区分,相对应的扶持政策也要在前期基础进一步细化,因而才会出现新的分类标准下的扶持政策与早先的分类标准下的扶持政策之间形成包含与被包含的关系。

3. 监管要求

尽管前后两个阶段的民办幼儿园管理政策重心不同,在民办幼儿园监管内容上也存在一定差异,但总体上看,两个阶段的民办幼儿园监管内容客观上存在着不少的联系。这些联系主要体现在一些可以影响民办幼儿园办学质量和服务功能的方面,如财务管理、办学信息公开、收费标准制定等。在最新的民办幼儿园分类管理标准下,延伸出的相关监管内容相比于前期要更为明确和具体。这种内容上的衔接与递进,实际上反映了民办幼儿园发展环境及目标的变化,符合教育政策调整和演进的一般规律。在最新的民办幼儿园分类管理标准执行阶段,政府和学界对通过规范民办幼儿园内部管理过程,以防止民办幼儿园过度逐利而损害教育的公益性已达成共识,针对财务管理、信息公开、收费标准制定等政策细则也有了前期的探索做基础。基于此,在现阶段仍要继续扩大普惠性学前教育资源的背景下,自然要对先前分类管理标准下延伸出的民办幼儿园监管内容进行继承和发扬。

## 第二节 民办幼儿园分类管理与支持制度建设的历史特征

总的来看,以是否普惠为分类管理依据和以是否以营利性为目的为分类管理依据的两个政策探索阶段,其本身在很多重要的政策内容上有重叠和延续,且不同阶段的相关政策数量、涉及内容都有较大差别。从民办幼儿园举办者应承担的办学义务来讲,相应的管理政策在国家和地方政府层面都呈现出一些基本的特点,尤其是在政策工具的选择上,不同时期的政策执行特点也比较明显。依据英格拉姆等学者的政策工具分类模型,政策工具可以分为权威型工具、激励型工具、能力建设型工具、象征和劝诫型工具以及学习型工具[1],每一类政策工具对应不同的表现形式和管理假设,在具体执行过程中关注的内容也不尽相同。以此对我国民办幼儿园分类管理过程中采用的政策工具类型进行分析,发现主要选用的政策工具是权威型工具和激励型工具,但随着相关制度建设的逐步推进,象征和劝诫型工具以及能力建设型政策工具也开始出现,而这些政策工具选择背后隐含着不同时期的民办幼儿园管理与发展重点。

## 一、国家层面民办幼儿园分类管理政策建设的基本情况

### (一) 在以是否普惠为分类管理依据的政策探索时期

在以是否普惠为分类管理依据的政策探索时期,相关的主要国家政策涉及了民办幼儿园发展的多个方面,虽大多不是专门针对民办幼儿园(见表2-1),但在相关内容中专门就民办幼儿园发展给出了基本的分类管理思路。一般认为,教育政策规范包含目标、对象、措施三个要素。[2] 基于此,通过对相关政策从政策执行主体、执行对象、执行目标、执行工具等方面进行分析,不难看出这一时期的民办幼儿园分类管理政策体现出以下特点:

表2-1　民办幼儿园管理相关政策文件(2010—2016年)

| 序号 | 政策名称 | 发布单位 | 发布时间 |
| --- | --- | --- | --- |
| 1 | 国务院关于当前发展学前教育的若干意见 | 国务院 | 2010—11—21 |
| 2 | 关于加大财政投入支持学前教育发展的通知 | 财政部、教育部 | 2011—09—05 |
| 3 | 中央财政扶持民办幼儿园发展奖补资金管理暂行办法 | 财政部 | 2011—09—05 |

---

[1] Anne Schneider; Helen Ingram. Behavioral Assumptions of Policy Tools[J]. The Journal of Politics,1990(2):510-529.

[2] 孙绵涛.教育政策学[M].武汉:武汉工业大学出版社,1997:26.

续 表

| 序 号 | 政策名称 | 发布单位 | 发布时间 |
|---|---|---|---|
| 4 | 关于加强幼儿园教师队伍建设的意见 | 教育部、中央编办、财政部、人力资源社会保障部 | 2012—09—20 |
| 5 | 关于实施第二期学前教育三年行动计划的意见 | 教育部、国家发展改革委、财政部 | 2014—11—03 |

1. 政策执行主体多元，主要与决定民办幼儿园发展的各资源要素相关

这一时期的相关政策的执行主体涉及了国务院及下属多个部门，这些部门与决定民办幼儿园发展的各资源要素直接相关，如办学经费、教育评价、教师队伍建设等。其中，教育、财政等政府部门是两类最主要的政策执行主体，其主要职能分别是监管民办幼儿园办学质量，规划民办幼儿园发展扶持经费的分配。按照我国财政性经费分配使用的相关规定及流程，教育经费预算主要由教育部门制定并最终由财政部门审批，再由各级人大审议。因此可以看出，这一时期国家对民办幼儿园发展的管理与支持，主要采用的是一种激励型政策工具，重在通过财政经费倾斜激发民办幼儿园办学积极性，但涉及具体财政经费分配的项目与内容时，根据相关工作的归口部门不同，由相应的部门牵头开展相关工作，并由财政部、发改委等部门配合与跟进，体现了我国对民办幼儿园的协同管理思路。

2. 政策执行对象重点倾向于普惠性民办幼儿园

这一时期的相关政策在延续前期关于民办幼儿园管理政策的思路，肯定民办幼儿园发展地位的基础上，提出了针对所有民办幼儿园的一般性政策和针对普惠性民办幼儿园的专门政策，在政策执行对象上做了专门的区分。如在"国十条"中强调公办民办并举的同时，进一步要求"民办幼儿园在审批登记、分类定级、评估指导、教师培训、职称评定、资格认定、表彰奖励等方面与公办幼儿园具有同等地位"，以此作为鼓励社会力量参与办学的一般性政策，但财政重点扶持对象是普惠性民办幼儿园，专门指出要"积极扶持民办幼儿园特别是面向大众、收费较低的普惠性民办幼儿园发展。采取政府购买服务、减免租金、以奖代补、派驻公办教师等方式，引导和支持民办幼儿园提供普惠性服务"。同时，土地、园舍等硬件资源作为幼儿园办学的核心资源，也被作为重要的激励手段，用于支持普惠性民办幼儿园发展。如"国十条"中要

求:"城镇小区配套幼儿园作为公共教育资源由当地政府统筹安排,举办公办幼儿园或委托办成普惠性民办幼儿园。"后续的相关政策主要是贯彻"国十条"的要求,主要集中在奖补资金政策的细化和管理上。

3. 政策执行目标是解决"入园难、入园贵"问题,支持普惠性民办幼儿园发展成为应然选择

这一时期我国相关政策执行目标主要是解决"入园难、入园贵"问题。如在"国十条"中明确指出,"入园难"问题是我国学前教育存在的主要问题,而在《国家中长期教育改革和发展规划纲要(2010—2020年)》中也将基本普及学前两年教育作为主要目标,在《关于加大财政投入支持学前教育发展的通知》中又指出一些地方"入园难、入园贵"问题突出。从21世纪初开始,我国民办幼儿园发展速度不断加快,到了2010年时,民办幼儿园在园儿童数就已经占总数的47.01%[①],已经成为实现我国学前教育普及的主要力量。而"入园难、入园贵"问题本质上还是公办幼儿园数量和民办幼儿园普惠性不足的具体表现,在政府学前教育财政经费普遍不足、改扩建或新建公办幼儿园数量短期内增长有限,而民办幼儿园发展速度日益加快的背景下,大力引导和支持民办幼儿园提供普惠性学前教育服务成为应然选择。

## (二)在以是否以营利为目的为分类管理依据的政策探索时期

虽然这一时期出台的相关政策法规主要是面向整个民办教育事业的发展,但其中的相关规定对确立新的民办幼儿园分类管理思路以及对策给出了比较明确的说明(见表2-2)。结合前期以普惠性为分类管理依据的相关政策,这一时期的相关政策法规在原有基础上,更加强调从民办幼儿园内部管理入手,以实现相应的分类管理目标,总体上呈现以下特点:

1. 政策发布主体及执行主体行政层级高于前期,且牵涉到更多的管理部门

这一时期的相关政策主要是建立在正式以法律的形式明确了民办学校分类管理的基本要求和程序的基础上,因此对于如何尽快完成民办学校的分类登记和管理,相比于前期更加关注办学质量因素,这一阶段更加关注民办幼儿园的内部和外部管理,因此有更多的政府部门需要实际参与。如除了涉

---

① 教育部网站.幼儿教育分年龄学生数[EB/OL].http://www.moe.gov.cn/jyb_sjzl/moe_560/s6200/201201/t20120117_129535.html,2012-1-17.

及教育资源保障的部门外,还包括民政、工商管理等实际承担民办幼儿园办学属性和日常经营监管的部门。同时,从发布相关政策法规的部门层级来看,明显高于前期相关政策发布主体的部门层级。这表明,这一时期的民办幼儿园分类管理所涉及的问题更为复杂、专业,需要从顶层制度设计层面明确相关工作程序,并需要更多的部门协作分工。

2. 政策执行对象主要是营利性民办幼儿园和非营利性民办幼儿园中的普惠性民办幼儿园

在新修订的《民促法》颁布之后,加快推进民办学校分类登记及相关政策的实施,成为整个民办教育管理的重点。在这样的政策背景下,按照相关政策要求,民办幼儿园管理除了继续执行前期有关规范民办幼儿园发展的政策外,开始区分重点管理对象。在针对学前教育发展的两份重要的政策文件《中共中央国务院关于学前教育深化改革规范发展的若干意见》(以下简称《若干意见》)和《国务院办公厅关于开展城镇小区配套幼儿园治理工作的通知》中,专门针对普惠性民办幼儿园的规定最多。相关政策基于遏制民办幼儿园过度逐利的目标,针对营利性民办幼儿园的资金来源、经营管理模式、办学质量等都给出了具体要求,而对于非营利性民办幼儿园中的普惠性民办幼儿园,相关政策除了继续强调针对非营利性民办幼儿园在土地划拨、税费减免等方面的优惠政策外,还强调了针对普惠性民办幼儿园的专门的扶持政策,如综合奖补、购买服务、税费减免等。同时,专门的小区配套园建设政策中,也将普惠性民办幼儿园建设列为重点。

3. 政策执行目标是规范民办幼儿园发展并扩大普惠性民办幼儿园教育资源

从相关政策设计的目标看,这一时期解决"入园贵、入园难"问题依然十分迫切,相比于第一阶段,重点要调整的对象和策略有了更为具体的区分,解决部分营利性民办幼儿园过度逐利以及降低非营利性民办幼儿园办学成本问题成为这一阶段的政策重点。如在《若干意见》中指出,尽管十八大以来我国学前教育事业快速发展,但"入园难、入园贵"问题依然存在,部分民办幼儿园过度逐利问题时有发生,提出到2020年普惠性幼儿园(公办幼儿园和普惠性民办幼儿园)覆盖率要达到80%。在具体执行策略上则强调"各地要把发展普惠性学前教育作为重点任务,结合本地实际,着力构建以普惠性资源为主体的办园体系,坚决扭转高收费民办幼儿园占比偏高的局面","积极扶持民办幼儿园提供普惠性服务,规范营利性民办幼儿园发展,满足家长不同选择性需求。"

表2-2 民办幼儿园分类管理相关政策文件

| 序号 | 政策名称 | 发布单位 | 发布时间 |
| --- | --- | --- | --- |
| 1 | 中华人民共和国民办教育促进法 | 全国人民代表大会常务委员会 | 2016—11—07 |
| 2 | 国务院关于鼓励社会力量兴办教育促进民办教育健康发展的若干意见 | 国务院 | 2016—12—29 |
| 3 | 民办学校分类登记实施细则 | 教育部、人力资源社会保障部、民政部、中央编办、工商总局 | 2016—12—30 |
| 4 | 营利性民办学校监督管理实施细则 | 教育部、人力资源社会保障部、工商总局 | 2016—12—30 |
| 5 | 中共中央国务院关于学前教育深化改革规范发展的若干意见 | 国务院 | 2018—11—07 |
| 6 | 国务院办公厅关于开展城镇小区配套幼儿园治理工作的通知 | 国务院 | 2019—01—09 |
| 7 | 中华人民共和国民办教育促进法实施条例 | 国务院 | 2021—04—07 |

## 二、地方层面民办幼儿园分类管理政策建设的基本情况

### (一)在以普惠性为分类管理依据的政策探索阶段

如前所述,这一阶段的国家政策重点关注的是普惠性民办幼儿园的发展,各地主要根据"国十条"、《关于加大财政投入支持学前教育发展的通知》等政策文件,制定民办幼儿园发展管理政策,相关政策主要以地方学前教育管理条例、学前教育改革发展意见等形式为主,但在具体政策执行目标、执行对象、政策执行工具等方面有较大差别。

1. 政策执行总目标是扶持普惠性民办幼儿园发展,但政策执行的子目标存在较大差异

虽然各地普遍面临普惠性学前教育资源不足的问题,但因各地普惠性学前教育发展的基础存在差异,因此各地在扶持普惠性民办幼儿园发展方面的子目标上有很大不同。从各地相关政策制定的情况看,为了最大程度扩大普惠性民办幼儿园资源,有的地方将保障对普惠性民办幼儿园的经费投入作为主要目标,如浙江省宁波市在《宁波市学前教育促进条例》中专门指出,"普惠性民办幼儿园按照当地公办幼儿园生均财政拨款标准的一定比例拨付经费,并逐步提高",并规定了县市区财政性学前教育经费占同级财政性教育经费的具体比例;有的地方则因普惠性学前教育发展基础较好,相关政策更加关注实际普惠性学前教育资源的分配,如上海市闵行区的"小区生"政策规定每招收一名招生区域内的儿童,公建配套的民办幼儿园(即普惠性民办幼儿园)即可获得财政补贴2 000元/年,以此鼓励民办幼儿园向幼儿家长提供普惠性学前教育服务。

2. 政策执行对象关注民办幼儿园发展的资源要素,但政策可操作性有明显差异

民办幼儿园整体发展需要获得多种资源要素的支持,尤其是师资和办学经费。各地政策普遍关注到了这两方面资源要素的重要性,但从具体颁布的相关政策内容看,在可操作性上存在着明显的差异。一些地方政策不仅对相关资源要素的筹备和分配方式给出了具体意见,而且还明确了部门分工和相关资源要素的分配数额,如鄂尔多斯市规定,对达到市级示范园标准的民办幼儿园奖励10万元,核定30%的教师编制,达到自治区示范园标准的民办幼儿园则奖励30万元,核定50%的教师编制;浙江省规定对普惠性民办幼儿园的奖补标准,达到省一级园生均220元,省二级园生均200元,省三级园生均180元,准办园生均80元。另一些地方政策针对相关资源要素的规定则相对比较模糊,只是重复了中央的相关政策精神,如兰州市规定民办幼儿园教师在职称评定、资格认定、学习培训、表彰奖励等方面与公办幼儿园享有同等待遇。

3. 政策执行工具主要以激励型政策工具为主,但在部分方面权威型政策工具也十分常见

按照政策工具的类型来划分,针对普惠性与非普惠性民办幼儿园的管理采取的政策工具主要以激励型政策工具为主,即利用各种优惠政策来鼓励政

策目标群体服从于政策目标的实现。在这一阶段,各地针对普惠性民办幼儿园发展基本都设置了各种财政激励措施,根据民办幼儿园的功能定位和普惠性学位的供给情况,遵照中央政策文件的相关精神,通过生均经费补贴、专项资金投入等方式,降低普惠性民办幼儿园办学成本。如云南省颁布的《云南省学前教育条例》中规定:"各级人民政府应当采取下列扶持措施,发展民办学前教育:(一)中小学校布局调整后富余的校舍,可以免费提供给民办学前教育机构使用;(二)从民办教育发展专项资金中安排一定比例资金扶持民办学前教育机构发展……"不过在涉及办学目的、教师权益、财务管理等方面的内容时,各地相关政策则主要采用权威型政策工具,即利用政府权威在没有激励的情况下确保民办幼儿园自觉遵守相关办学要求。如江苏省在《关于加快学前教育改革发展的意见》中要求,"民办幼儿园按照不以营利为目的的原则,在保证发展基金提留比例25%的前提下,根据幼儿园生均培养成本,合理确定收费标准并报物价、教育、财政部门备案。"

### (二)在以营利性为分类管理依据的政策探索阶段

总体上讲,在这一阶段各地很少专门针对民办幼儿园分类管理出台相应的政策,更多的是将民办幼儿园纳入整个民办学校分类管理或者学前教育管理中统一做出相关制度安排。这些政策主要按照国家层面相关政策精神,如《国务院关于鼓励社会力量兴办教育促进民办教育健康发展的若干意见》《民办学校分类登记实施细则》《中共中央国务院关于学前教育深化改革规范发展的若干意见》,对民办幼儿园分类登记的程序、管理要求、扶持机制等进行了明确。

**1. 政策执行目标是完成民办幼儿园分类登记并继续扶持普惠性民办幼儿园发展**

随着国家层面有关民办学校分类管理的政策法规的出台,各地也纷纷推出了民办学校分类登记实施办法或细则以及鼓励社会力量兴办教育的各类指导意见,其中明确了民办学校分类登记实施的具体程序、完成时限以及相关政府部门的具体职责分工等。总体上看,多数地方政府都规定了民办学校完成分类登记的最后时限,主要以新修订的《民办教育促进法》颁布的2016年为时间节点,要求在此之前举办的民办学校最迟在2022年年底之前完成分类登记。在湖南、广西等地出台的民办幼儿园分类管理办法中,也专门要求按照上述时间节点完成民办幼儿园分类登记。除此之外,为了推进民办学校分类登记与管理政策的实施,一些地方政府进一步明确了相关政府部门的分工职责,如在《辽宁省人民政府关于鼓励社会力量兴办教育促进民办教育健康发展的实施意见》中,就分类管理制度建立、民办学校分类登记、差别化用地建设、分类收费管理等多个方面指出了具体的责任单位。需要特别指出的是,在这一阶段各地继续完善有关普惠性民办幼儿园发展的相关政策,不断就普惠性民办幼儿园的认定和扶持制定专项政策。从中可以看出,在推动民办幼儿园分类管理的过程中,继续贯彻和深化普惠性民办幼儿园发展战略,依然是未来民办幼儿园管理的重点。

2. 政策执行的主要对象是普惠性民办幼儿园和营利性民办幼儿园,但关注内容有较大差异

就目前有关民办幼儿园发展的相关政策来看,总体上相关政策涉及营利性民办幼儿园和普惠性民办幼儿园的内容最多,而对于非营利性民办幼儿园的规定相对较少,基本上是对国家层面相关政策的简单继承。针对营利性民办幼儿园的相关政策主要关注如何遏制其过度逐利的行为,对此专门就营利性民办幼儿园某些方面,如经营模式、筹资方式等划出了"禁区",并在办学水平上给出了更高的要求。如《天津市人民政府关于学前教育深化改革规范发展的实施意见》中规定:"参与并购、加盟、连锁经营的营利性幼儿园,应将与相关利益企业签订的协议报区教育部门备案并向社会公布;区教育部门应对相关利益企业和幼儿园的资质、办园方向、课程资源、数量规模及管理能力等进行严格审核。……上市公司不得通过股票市场融资投资营利性幼儿园,不得通过发行股份或支付现金等方式购买营利性幼儿园资产。"《四川省学前教育深化改革规范发展实施方案》中规定:"实施加盟、连锁行为的营利性幼儿园原则上应取得省级示范园资质。"有关普惠性民办幼儿园的政策规定则主要集中在办学性质、财政扶持、管理监督等多个方面,但不同地区有一定差异。如北京、上海等地要求普惠性民办幼儿园必须登记为非营利性民办幼儿园,但贵州等地未做相关要求,只是说明登记为非营利性的普惠性民办幼儿园在用地等方面与公办幼儿园同等待遇;上海闵行区将普惠性民办幼儿园区分为小区配套普惠性民办幼儿园和非小区配套普惠性民办幼儿园,在具体的认定程序上也有不同的要求。

3. 政策执行工具主要以权威型工具和激励型工具为主,但对不同民办幼儿园有很大区别

由于这一阶段的主要政策目标是实现民办幼儿园分类登记和继续扩大

普惠性学前教育资源,就前一个目标而言,因为有分类登记时限的要求,因而其具有一定的强制性,而后一个目标的实现,则是建立在民办幼儿园自愿的基础上。在民办幼儿园分类登记方面,如前所述,相关政策对不同性质的民办幼儿园分别划出了各种办学"禁区",其中主要是对营利性民办幼儿园的规定最多。这些政策文本通常以"不得……""不准……"等方式进行表述,强调依靠政府权威的高度管制,属于权威型的政策工具。针对非营利性和普惠性民办幼儿园主要是提出各种财政激励政策,如减免税费、房舍租赁费、提供专项财政支持等,这些政策是建立在民办幼儿园自愿申请并通过相关资质审核的基础之上,并非政府强制,属于激励型政策工具。另外,在涉及民办幼儿园内部管理和运行层面,还能看到以"应当……""可以……"等方式进行表述的政策内容,主要是要求民办幼儿园能够重视自身发展规律和办学价值取向,更好地优化内部管理,实现自身办学目标,属于象征和劝诫型政策工具。如《广西壮族自治区民办幼儿园分类管理实施办法》中规定:"选择登记为营利性民办幼儿园,由举办者提出申请,可以转为非营利性民办幼儿园,并重新进行法人登记。……营利性民办幼儿园经审批机关批准同意后可设立分支机构。"

## 三、相关制度建设总体特点及未来发展要求

无论是在国家层面还是地方政府层面,虽然有关民办幼儿园分类管理的政策设计主体在不断升级,政策执行目标也在不断明确,政策执行工具也日趋多元,但总体来看,依然十分强调政府的直接干预,政策工具以权威型政策工具和激励型政策工具为主。这在民办幼儿园发展早期用于规范民办幼儿园发展过程中存在的一些原则性问题如收费标准、经营模式、办学方向等,以及对激励民办幼儿园快速发展具有重要的作用。但随着民办幼儿园发展规模的扩大,面临从"量"的发展向"质"的发展过渡时,相关政策工具的选用应更多关注民办幼儿园办学效率和办学质量的提升。为此,除了继续要在办学质量方面加强相关标准建设和督导外,更要重视为民办幼儿园之间基于市场规律而展开合理竞争提供必要支持。除了权威型政策工具和激励型政策工具,还应使用能提升民办幼儿园应对发展问题的能力、专注教育本体功能实现以及推动民办幼儿园自主创新发展的政策工具。参考英格拉姆对政策工具的分类模型,这些政策工具分别是指能力建设型工具、象征和劝诫型工具以及学习型工具。

首先，能力建设型政策工具主要是增强民办幼儿园克服自身发展问题的能力，支持民办幼儿园做出符合自身发展的选择，具体手段包括提供技能培训、咨询服务、贷款等。在目前我国民办幼儿园发展与管理的相关政策中，一些能力建设型政策工具的设计和执行已经日趋稳定与完善，比如针对民办幼儿园教师的培训计划，但总体看相关政策工具涉及的范围仍比较狭窄，且不具体，缺乏具体的实施意见。如相关政策文件中提到可以为包括民办幼儿园在内的民办学校办学提供咨询和贷款服务等支持，但具体如何落实缺乏更为具体的政策内容。从国际社会的相关经验看，通过能力建设型政策工具为民办幼儿园发展提供必要的支持，已经被证明是一种对民办幼儿园办学质量提升至关重要的方式，可以有效地帮助民办幼儿园克服发展困难，应对办学挑战。

其次，象征和劝诫型政策工具主要是支持民办幼儿园深刻领会相关政策要求，专注民办幼儿园自身责任和义务的履行，自觉规范自身办学理念和发展方向，具体手段包括强调人才培养目标、教师专业化建设、预防幼儿园教育"小学化"等。这在我国现有政策文件如《幼儿园教育指导纲要（试行）》《幼儿园工作规程》等都有所体现，但专门针对民办幼儿园的政策规定则很少。在各类学前教育政策文件中，对包括教师评聘、幼儿保育、教师培训等给出了原则性的建议和要求，但并未专门针对民办幼儿园在上述领域存在的问题给出具体的建议。实际上，民办幼儿园在分类发展过程中面临的师资队伍建设、课程教学改革问题比较复杂，受办学目的不同导致的可供支配的办学收入不同影响，经常要在办学收益和师资建设、课程教学等方面的办学投入之间进行平衡，如果在上述方面缺乏相应的政策引导，可能会导致民办幼儿园将办学质量让位于办学效率，损害民办幼儿园办学的公益性。

再次，学习型政策工具主要是为民办幼儿园掌握解决自身发展问题的能力提供支持，引导其实现创新发展，具体手段包括为民办幼儿园搭建行业信息交流平台、构建办学信用等级评估体系等。民办幼儿园分类管理是要促进民办幼儿园可持续的分类发展，关键是以教育质量为核心，引导民办幼儿园针对自身发展瓶颈进行创新式发展。为此，在提供来自行业发展信息的反馈和强化业内公平竞争氛围，激发民办幼儿园自主发展动力的同时，正确评估行业发展前景和要求，寻得自身发展突破的最佳路径，是相关政策设计的一个重要要求。从现有政策制定的情况看，有关学习型政策工具还只停留在原则性要求上，具体展开的路径并不明确。尤其是在地方政策层面，多数只是延续中央政策的说法,在支持民办幼儿园自主创新发展方面仍有进一步完善的空间。

总之,从政策工具的选用看,民办幼儿园分类管理与支持制度的推进、完善需要在配套政策设计上,进一步关注民办幼儿园健康发展的内外部条件创设,并能及时回应不同类型民办幼儿园的发展诉求,尽可能通过组合性的政策手段,直接对民办幼儿园进行规制和扶持的同时,还应为民办幼儿园之间的良性竞争、自主创新构建良好的支持性环境。

## 第三节 民办幼儿园分类管理与支持制度推进的两种取向

时至今日,学界对民办学校分类管理标准的探讨已经转移到分类管理标准的具体执行上,而相关配套政策细则的缺失使得民办学校分类管理政策的推进相对缓慢。就民办幼儿园自身发展而言,在由普惠性为区分的分类管理模式,转向以营利性为区分的分类管理模式时,其所面临的具体发展要求与其他学段的教育有所不同。两种分类管理模式虽然尽可能地实现了融合,也解决了早期分类管理所未能解决的一些问题,但先前暂时被掩盖的一些问题在新的管理体制下开始逐渐凸显出来。考虑到影响教育政策执行的因素是十分复杂的,就民办幼儿园分类管理标准及相关政策的执行而言,当前正处于我国各项社会事业快速发展以及国家相关政策体制改革的关键时期,促成民办幼儿园分类管理政策不断调整和演进的,不仅有社会经济形势的变化,也有民众教育理念的更新、教育诉求的转移以及反映到国家宏观教育管理层面的教育政策重心的转变。

### 一、民办幼儿园分类管理与支持制度演进的影响因素

一般认为,教育政策调整的原因是多方面的,包括教育政策环境、教育资源、教育政策主体的变化以及教育政策实际执行效果等。[①] 民办幼儿园分类管理标准及相关政策的调整,从大的方面讲,源于宏观层面民办教育分类管

---

① 范国睿.教育政策的理论与实践[M].上海:上海教育出版社,2011:209-210.

理制度的确立,但从民办幼儿园自身发展的角度讲,早先的民办幼儿园分类管理标准及相关政策并没有被作为一种临时性政策而放弃,而是被合并到了新的民办幼儿园分类管理政策中。笔者认为,这种合并不是一种被动的合并,准确地说是为适应社会发展的需求而做出的政策调整,而这种调整受到多重因素的影响。

### (一) 政治经济政策环境的变化

伴随着 20 世纪 90 年代我国经济体制改革的推进,大量附属于国有企事业单位的公办幼儿园开始与原单位脱离关系,导致我国以公办幼儿园为主要代表的普惠性学前教育资源急剧减少,而民办幼儿园数量则快速增加。到了 2003 年,由教育部等部门联合发布的《关于幼儿教育改革与发展的指导意见》中,对如何缓解幼儿园教育市场化导致的学前教育资源紧张,普惠性学前资源紧缺等问题提出了相应的对策。以公办幼儿园为主的普惠性学前教育资源开始稳步增长,但仍然落后于民办幼儿园的增长速度,"入园难、入园贵"等问题开始凸显,民众对普惠性学前教育资源的需求日益迫切。在这样的背景下,国家开始重视大力发展普惠性学前教育,快速发展的民办幼儿园教育自然成为相关政策调整与关注的重点。从 2010 年"国十条"的发布开始,国家开始在一系列的政策文件中强调要鼓励民办幼儿园向民众提供普惠性学前教育服务,以普惠性为区分对民办幼儿园进行分类管理的时代正式开启。经过 5 年多的发展,我国普惠性学前教育资源以及民办幼儿园教育资源都有很大的发展,"入园难、入园贵"问题得到很大缓解,但与此同时,学界对包括民办幼儿园在内的民办教育发展积极性的激发所面临的瓶颈有了更成熟的讨论,基本思路就是以营利性为区分,从民办幼儿园的内部管理切入,强化对其办学行为系统监管的同时,给予更为具体的发展支持。随着 2016 年新修订的《民办教育促进法》的出台,对于民办幼儿园而言,无论是否普惠,在新的分类管理标准下,相关权利和义务都得到了进一步的明确,意味着可以获得更多、更系统的支持。基于这样一种社会发展的需要以及相关政策经验的积累,民办幼儿园分类管理标准及相关政策就出现了以上变化。

### (二) 教育政策调整重心的变化

以普惠性为区分对民办幼儿园实施分类管理以后,我国的普惠性学前教育资源确实扩充得很快,但与此同时,民办幼儿园整体发展质量的问题也开始日益凸显,发展普惠且有质量的学前教育开始面临发展瓶颈,亟待在相关管理制度上做出新的调整。在2010年前后,幼儿园屡屡爆出的"虐童问题",大多发生在民办幼儿园,其中既有高收费民办幼儿园,也有收费低廉的普惠性民办幼儿园,而民办幼儿园办学成本的水涨船高,加之政府的投入不足和监管不到位,导致民办幼儿园在利益驱动下放松了对教师的准入要求,被认为是虐童问题产生的主要原因。[①]"虐童问题"只是民办幼儿园发展质量问题中的一个表现,虽然不能认为是由普惠性学前教育发展政策所引发,但至少反映出原有政策对民办幼儿园发展质量的关注还不够,除了要对普惠性民办幼儿园的认定标准以及经费支持政策进行优化,还应同时对关系到民办幼儿园办学质量的诸多内部管理事务,如日常办学经费管理、办学结余的分配、教师招聘等给予足够的重视。在这种情况下,民办幼儿园分类管理政策调整和完善的重点,自然就转向如何进一步加大并细化对普惠且有质量的民办幼儿园的支持的同时,规范民办幼儿园的内部管理,抑制民办幼儿园的过度逐利。2016年新修订的《民办教育促进法》所确定的分类管理思路,刚好与这一转向相契合。

### (三)教育政策主体的变化

在以普惠性为区分对民办幼儿园实施分类管理的阶段,正是我国普惠性学前教育资源最为紧缺、相关矛盾最为突出的时期。尽管普惠性幼儿园一般被认为至少要满足面向大众、收费合理、教育质量有保障、园舍建设标准且安全、教师队伍素质高、财政体制科学等几项要求,[②]但实际上政府和幼儿家长更看重"有学上"的问题,因此民办幼儿园收费标准是否合理以及办学质量是否符合基本要求成为其主要关注点;而民办幼儿园则关注政府的补贴力度和幼儿家长可支付的保教费用,能否在维持最低办学质量的同时,留给自己足够的利益空间。各方博弈的结果都体现在了各地差异极大的普惠性民办幼儿园收费标准上。以东部的北京市和上海市,中部的太原市和石家庄市,西部的西安市和成都市为例,各地公布的普惠性民办幼儿园收费标准与居民可支配收入之间不存在必然联系,这实际上至少反映了民办幼儿园对自身发展

---

① 刘晶瑶.民办幼儿园为何成虐童重灾区[EB/OL].2020.11.12.http://www.xinhuanet.com/mrdx/2016-11/29/c_135865327.htm,民办幼儿园为何成虐童重灾区,2016年11月29日.
② 秦旭芳,王默.普惠性幼儿园的内涵、衡量标准及其政策建议[J].学前教育研究,2012(7):22-26.

的利益诉求、地方政府对普惠性民办幼儿园的财政支持能力和对民众普惠性诉求的重视程度三者之间达到了一个基本的平衡(见表2-3)。但随着社会经济发展,各方对民办幼儿园分类管理的标准及相关政策开始有了新的认识和要求,对原有政策调整势在必行。

表2-3 各地普惠性民办幼儿园收费与补贴标准

| 地 区 | 城镇居民人均可支配收入(2019年) | 普惠性民办幼儿园收费标准 | 政府财政补贴标准 |
| --- | --- | --- | --- |
| 北京 | 67 756元 | 600—900元/生·月 | 市级财政1 000元/生·月,区级财政400元/生·月 |
| 上海 | 69 442元 | 不高于3 000元/生·月 | 各区不一,如虹口区参照本区公办学前生均定额标准,进行生均补助;松江区按照民办幼儿园等级,生均每年800—1 000不等。 |
| 太原 | 33 563元 | 不高于1 500元/生·月 | 50元/生·月 |
| 石家庄 | 38 550元 | 500—1 200元/生·月 | 250—300元/生·月 |
| 西安 | 38 095元 | 不高于1 500元/生·月 | 按照幼儿园等级,400—1 200元/生·月 |
| 成都 | 45 878元 | 900—1 500元/生·月 | 不低于500元/生·年 |

从各地针对普惠性民办幼儿园的管理政策看,普惠园认定采取自愿申请的方式。也就是说,早期无论何种类型的民办幼儿园都被允许获得合理回报,无论是否选择举办成普惠性民办幼儿园,都可以借助政府的财政支持或是收取较高的保教费用,来实现自身的经济利益。加之社会需求旺盛,2017年前,幼儿园教育行业作为优质的投资领域,吸引了很多社会资本的进入。根据相关企业官网数据,仅红缨教育和红黄蓝教育两家幼教集团所管理的民办幼儿园就超过了5 000所。尽管其数量还不及全国民办幼儿园总数的3%,但实力雄厚的社会资本在民办幼儿园市场中跑马圈地式的扩张依然是主流。在这种背景下,社会资本通过上市融资、合作办学等多种方式大量兼并、承办民办幼儿园,无形中增加了整个民办幼儿园市场的风险。我国政府已经认识到民办幼儿园快速发展背后所隐含的营利逻辑以及不可控风险,可能会对学前教育公益性的损害,于是在2016年底新修订《民促法》的基础上,又在2018年11月发布的《中共中央国务院关于学前教育深化改革规范发展的若干意

见》中明确指出:"社会资本不得通过兼并收购、受托经营、加盟连锁、利用可变利益实体、协议控制等方式控制国有资产或集体资产举办的幼儿园、非营利性幼儿园","民办幼儿园一律不准单独或作为一部分资产打包上市。上市公司不得通过股票市场融资投资营利性幼儿园,不得通过发行股份或支付现金等方式购买营利性幼儿园资产。"时至今日,有关普惠性民办幼儿园管理的政策还在不断改进,但政府开始基于普惠性目标的实现,进一步关注民办幼儿园的营利问题,通过明确"合理回报"的边界,引导民办幼儿园摆正自身发展定位,不仅是要实现普惠性发展目标,更要从规范内部管理入手,降低民办幼儿园发展风险,促进其真正实现有质量的发展。

## 二、民办幼儿园分类管理的现实取向:过程取向

以是否以营利为目的作为民办幼儿园分类管理的标准,其政策执行重点是规范民办幼儿园办学经费的使用过程。再进一步讲,就是政府要基于对民办幼儿园筹措、分配办学经费的整个过程进行监管,以判断其主要目的是为了营利还是其他公益性目标。因此,民办幼儿园分类管理不是单方面地把民办幼儿园归为某一类,而是要保证其被归为某一类后,实现权利和义务的对等,避免"真营利而假公益"情况的出现。这种"过程取向"的民办幼儿园分类管理思路在具体执行过程面临着很多挑战,集中表现为在过程管理中所涉及的其他领域的配套政策和管理机制仍有待理顺。

### (一) 基于"过程取向"对民办幼儿园实施分类管理的基本要求

目前的民办幼儿园分类管理政策中明确指出,民办幼儿园举办者可以自主选择登记为非营利性或营利性民办幼儿园,但在核心资产构成、办学经费来源、机构运营管理等方面存在不同要求。

#### 1. 核心资产构成方面

房舍、土地作为民办幼儿园最为核心的资产构成,根据目前相关政策的规定,对于营利性和非营利性民办幼儿园的相关资产要求有比较大的差异。总体上,民办幼儿园可以通过多种途径取得办学用地。如在《中华人民共和国民办教育促进法实施条例》中规定:"实施学前教育、学历教育的民办学校使用土地,地方人民政府可以依法以协议、招标、拍卖等方式供应土地,也可以采取长期租赁、先租后让、租让结合的方式供应土地,土地出让价款和租金

可以在规定期限内按合同约定分期缴纳。"但在具体执行层面,非营利性民办幼儿园相对而言能够以更低的用地成本获得土地。如新修订的《民办教育促进法》中规定:"新建、扩建非营利性民办学校,人民政府应当按照与公办学校同等原则,以划拨等方式给予用地优惠。新建、扩建营利性民办学校,人民政府应当按照国家规定供给土地。"根据我国有关划拨用地的相关政策法规如《中华人民共和国城镇国有土地使用权出让和转让暂行条例》中的规定,划拨用地一般是无偿使用,主要用于各类公共事业。这意味着非营利性民办幼儿园已被视为公益事业的一部分,因此可以无偿获得使用办学用地。以此推断,营利性民办幼儿园所获得的办学用地,只能是在已依法缴清土地出让金的基础上,通过出让、转让等有偿使用的方式获得。

2. 经费来源

股市资本的逐利性以及不稳定性,与教育本身的公益性存在冲突。从改革开放一直到21世纪初,我国教育政策始终强调要鼓励社会资本参与办学,但随着社会经济的发展,因举办者办学经费来源渠道不畅以及办学经费使用不当等多种原因,导致办学资金断裂引发学校债务问题,进而侵害到学生和家长受教育权益的事件逐渐增多。为避免股市金融风险传导到教育领域,目前我国民办幼儿园分类管理的相关政策专门指出,无论是举办营利性民办幼儿园还是非营利性民办幼儿园都不能通过股票市场上市融资。如在《中共中央国务院关于学前教育深化改革规范发展的若干意见》中专门指出:"上市公司不得通过股票市场融资投资营利性幼儿园,不得通过发行股份或支付现金等方式购买营利性幼儿园资产。"另外,在维持日常运营的收费标准上,营利性民办幼儿园和非营利性民办幼儿园有显著区别:前者实行市场调节,学校自主决定;后者则由地方政府决定。简单来讲,就是前者实行市场价,后者实行限价。

3. 机构管理方式

在内部管理方式方面,主要涉及两部分:一是机构经营管理;二是资产分配。

在日常经营管理方面,营利性民办幼儿园的管理方式与非营利性民办幼儿园相比,所受到的要求更少。如《中共中央国务院关于学前教育深化改革规范发展的若干意见》中指出:"社会资本举办营利性幼儿园,可以通过兼并收购、受托经营、加盟连锁、利用可变利益实体、协议控制等方式扩大办学规模,但是不得通过上述方式控制国有资产或集体资产举办的幼儿园、非营利性幼儿园。"换句话说,营利性民办幼儿园可以按照企业经营和管理的模式扩大自身办学规模,非营利性民办幼儿园只能按照公益性事业发展的模式经营管理。

在资产分配方面,有关办学结余的分配方式是民办幼儿园分类管理的最为重要的一项要求。按照《民办教育促进法》中的规定:"非营利性民办学校的举办者不得取得办学收益,学校的办学结余全部用于办学。营利性民办学校的举办者可以取得办学收益,学校的办学结余依照公司法等有关法律、行政法规的规定处理。"这意味着,只要办学结余没有用到办学中,而是以分红等方式分配给投资者,就不能是非营利性民办幼儿园。

### (二) 强调"过程取向"的民办幼儿园分类管理政策执行现状

从以上三方面的具体要求来看,要对营利性和非营利性民办幼儿园进行准确界定并给予相应的管理和支持,按照当前我国民办幼儿园发展的现实状况,就涉及要对既往相关政策所形成的利益格局重新进行界定和调整,而这至少面临以下挑战。

1. 土地房舍产权性质确定及调整面临的挑战

按照现有政策,营利性和非营利性民办幼儿园需要分别对应着不同的土地和房舍产权,但现实情况是,在相关政策出台之前,民办幼儿园发展所占用的土地和房舍产权属性十分复杂,执行相关政策面临的主要困难在于,如何确定已建民办幼儿园产权以及如何应对产权性质与民办幼儿园已有办学属性不匹配的情况。

按照我国现有的土地管理政策,民办幼儿园占用的土地主要分为两类:一类是无偿使用的划拨用地,另外一类是通过出让、租赁等方式有偿获得的土地。但这其中又分两种情况,即民办幼儿园举办者直接从政府获得的土地使用权和从其他社会组织或个人手中获得的土地使用权。由此,民办幼儿园获得土地使用权的方式实际分为四类,即:政府划拨的土地、政府出让的土地、社会组织或个人将政府划拨的土地出租给民办幼儿园、社会组织或个人将政府出让的土地出租给民办幼儿园。从本研究调研的情况看,直接从政府获得土地使用权的民办幼儿园很少,大多数民办幼儿园占用的土地是通过租赁获得的,而且相比于土地的性质和所有权关系,民办幼儿园举办者更关心土地租赁价格和使用权,由此导致民办幼儿园土地、园舍的产权情况十分复杂。如果按照民办幼儿园分类管理的相关要求,仅仅是根据国家首次转让土地使用权的方式来定位民办幼儿园的办学类型,而忽略那些通过土地使用权的二次甚至多次转让获得土地的民办幼儿园已支付的土地使用成本,势必会直接损害民办幼儿园的办学利益,影响社会力量参与办学的积极性。而政府如果要一一确定民办幼儿园土地产权归属及与相关利益者的关系,则需要理顺已经形成多年的土地利益格局,这将涉及多个政府部门的统筹分工、利益关系的重新调整。

2. 办学经费来源与分配监管面临的挑战

筹资办学是我国民办幼儿园发展的一个主要特征,也反映了其办学经费来源及分配动机的复杂性。现有政策试图通过控制民办幼儿园办学经费的来源渠道以及经费的使用过程,以达到弱化民办幼儿园的逐利性而放大其公益性的目的,但在实际执行过程中这将面临监管难、监管成本过高的挑战。究其根本,在于我国教育发展环境及教育活动本身的复杂性,决定了民办幼儿园办学经费的筹措、使用过程难以绝对的规范化和标准化。

一方面,通常幼儿园发展的不同阶段,办学经费的分配结构和重点会有很大差别,如在建园初期的教学硬件方面的支出会比较高,而在发展期则教师工资待遇方面的支出占比较高。此外,随着社会发展的需要,民办幼儿园会不断改变发展策略,努力提升办学水平和管理效率,办学经费的支出也会随之发生变化。虽然我国现有政策要求民办幼儿园设立相应的成本核算制度和会计财务制度,但"由谁监管、如何监管、监管什么"等并不明了。有的地方由教育部门负责审核民办幼儿园经费支出,不仅工作量大,而且专业性不足,在审核标准上时常会与举办者产生矛盾:民办幼儿园认为教育部门管得太死、太宽,教育部门则认为其办学经费使用不合理。因此,要实现对民办幼儿园办学经费使用的科学监管,关键是监管分工机制要科学,而目前相关配套政策细则的缺乏,使得政府相关部门难以有效发挥其监管职能。

另一方面,已办学多年的民办幼儿园已经形成其固定的利益分配格局,按照最新的民办幼儿园分类管理标准,政府管理部门要判断民办幼儿园的办学结余是否被用于办学还是被用于分配,仍需对现有财务制度进行完善。目前有关"办学结余"等的界定仍比较模糊,参考旧的《民办教育促进法》中的规定:"民办学校在扣除办学成本、预留发展基金以及按照国家有关规定提取其他的必需的费用后,出资人可以从办学结余中取得合理回报。"如果将"办学结余"理解为扣除所有办学成本之后的剩余经费,那么民办幼儿园举办者需偿还的债务或出资人之间约定的回报是否属于办学成本,类似问题缺乏权威法律解释,都会直接影响政府相关部门和民办园举办者对"办学结余"及其最终合法分配方式的判断。

3. 日常经营管理模式调整面临的挑战

从我国民办幼儿园发展的整体环境来看,在支持民办幼儿园发展的各种资源中,最不缺乏的是资金来源,最缺乏的是各种管理资源,包括成熟的管理经验、管理模式、教师在内的各类专业人员等。很多社会资本在进入幼儿教育领域时,由于上述资源的缺乏,为了更好地抵御经营风险并发展自身,选择加盟连锁等方式联合办园,在业内已经有比较长的历史。新的民办幼儿园分类管理政策不允许社会资本通过连锁加盟等方式控制由国有资产或集体资产举办的幼儿园。换句话说,社会资本不能通过连锁加盟等方式对非营利性或普惠性民办幼儿园进行直接管理。但这一规定实际执行时面临两方面的挑战:一方面,如何把握"控制"的尺度,以往发展普惠性学前教育的相关政策提出"公建民营"的思路,并不排斥社会资本参与对包含公共资源的普惠性民办幼儿园的管理,在具体执行时该如何理解"控制"和"管理"的关系;另一方面,如何理解"由国有资产或集体资产举办的幼儿园",目前已建或在建的民办幼儿园,很多都属于利用国有资产或集体资产举办的幼儿园,如"城中村"改造的小区幼儿园、转制后委托经营的国有企事业单位幼儿园等,这部分幼儿园实际上最需要"抱团取暖",在经营管理方面亟须得到外部支持,对于这些民办幼儿园正当的合作办学需求如何区别对待,是摆在地方政府面前的一个难题。

## (三) 强调"过程取向"的民办幼儿园分类管理面临的压力及要求

强调"过程取向"并不是民办幼儿园分类管理政策执行面临诸多挑战的根本原因。实际上在政策设计与实施过程中,为了实现"程序正义"进而确保政策目标的达成,重视并规范过程管理的政策设计十分常见。但是,强调"过程取向"的政策设计如果仅仅关注政策执行过程的标准化、程序化,而没有考虑到"有效的政策执行需要在外界压力和支持因素间求得策略性平衡"[①],那么政策参与者面对过程管理带来的发展压力,在无法获得足够支持的情况

---

① Mclaughlin, M. W. Learning from Experience: Lessons from Policy Implementation[J]. Educational Evaluation and Policy Analysis, 1987,9(2):171-178.

下,必然会与政策执行者产生复杂的博弈过程,从而增加了政策执行的阻力,降低了政策执行的效果。具体来看,目前民办幼儿园举办者所承受的主要压力及需要获得的支持主要涉及以下方面。

1. 民办幼儿园的土地成本压力及利益补偿需求

针对营利性和非营利性民办幼儿园所占用的土地、园舍等产权归属不同的情况,现有政策也有不同要求。对于已建民办幼儿园而言,面临的压力及其主要需求可分为两种情况:

第一种情况是,如果民办幼儿园所占用的土地房舍等属于划拨用地,要选择登记为营利性民办幼儿园,需要补缴土地出让金是其次,关键是在当前城镇土地资源紧张、发展公益普惠的学前教育是主流的时代背景下,地方政府出让土地使用权用于举办营利性民办幼儿园的意愿很低。如果民办幼儿园选择登记为非营利性民办幼儿园,对于大多数筹资办学的民办幼儿园而言,按照非营利性学校的办学结余只能用于办学的政策要求,相关债务如何偿还以及投资者的利益如何保障又是个难题。尽管相关政策文件提到了可以给予出资者相应的补偿和奖励,但在相关细则不明确的情况下,民办幼儿园举办者即使省去了用地成本,其随后的经营风险对民办幼儿园发展也是个巨大压力。

第二种情况是,如果民办幼儿园所占用的土地房舍等是通过土地出让、租赁等方式有偿获得的,制约其能否自由选择办学类型的因素只有一项,即是否属于规划中的小区配套园。按照《中共中央国务院关于学前教育深化改革规范发展的若干意见》中的要求:"配套幼儿园由当地政府统筹安排,办成公办幼儿园或委托办成普惠性民办幼儿园,不得办成营利性幼儿园。"我国最初在制定小区配套园政策时,要求小区配套园建设用地是划拨用地,开发商建好后要无偿移交给当地教育部门,用于举办成普惠性幼儿园。但由于种种原因,很多地方小区配套园建设用地是连同小区住宅用地一并出让给了开发商,或者虽然是划拨用地并建设了配套园,但并未无偿移交给教育部门,而是由开发商转租或自办民办幼儿园。在2019年发布的《国务院办公厅关于开展城镇小区配套幼儿园治理工作的通知》中要求,对于移交、使用不到位等情况的整改,原则上要在2019年完成。基于这样的要求,通过有偿方式获得办学用地和房舍,并且有着大量前期投入的民办幼儿园,是办成非营利性幼儿园、普惠性幼儿园还是退出办学,完全取决于政府的相关支持政策,但绝无可能举办成营利性民办幼儿园,这对民办幼儿园举办者而言将是个不得不面对的难题。

2. 民办幼儿园的经费保障压力及经费支取需求

教育实践是一种创造性的活动,教育目的的实现本质上是各种教育资源灵活运用的结果。为此,我国相关政策法规才明确将自主管理和使用办学经费列为学校办学自主权中的一项重要内容。当然,这不是说政府不能去监管学校的经费使用,而是说如何避免政府监管对学校自主办学造成干扰。目前民办幼儿园分类管理政策对民办幼儿园财务监管问题提出了一些原则性的要求和基本的监管思路,但调研发现,民办幼儿园在办学经费使用方面,经常面临经费支取不畅、分配项目受限、难以真正支持幼儿园发展等问题。尤其是对于享受政府财政补贴的民办幼儿园而言,政府对民办幼儿园的各类补贴一般以专项补贴的方式进行,不仅限定了相关经费的使用范围,有时候甚至限定相关物品采购目录,如用于改善办学条件的,不能为用于教师福利待遇;改善办学条件的采购物品要符合政府采购目录中的要求等。一些由小区配套园改建的普惠性民办幼儿园在发展初期,或因房舍硬件质量不过关、日常维护成本过高,或因师资结构不合理、亟待政府财政支持人才引进等,亟须政府给予相应的财政补贴,但面对相对僵化的专项经费使用管理规定,"花钱难、钱难花"给民办幼儿园发展造成不小的困扰。

另外,对于很多筹资办学的民办幼儿园而言,关注办学质量是其生存发展的根本,鉴于社会资本参与办学的目的绝大多数是为了经济利益,而非公益,因此民办幼儿园管理者要在社会资本的利益诉求以及办学质量所内含的公益性之间尽量实现平衡,但民办幼儿园分类管理新政对民办幼儿园办学结余分配的要求,某种程度上打破了这种平衡。一方面,民办幼儿园如果选择举办成非营利性民办幼儿园,无论是否为普惠性民办幼儿园都将不能再对办学结余进行分配,这也就意味着无法给予出资者约定的经济利益回报。对于民办幼儿园而言有两种选择,要么举办成非营利、非普惠的民办幼儿园,专注教育质量和社会声誉,不考虑利益回报;要么举办成非营利、普惠性的民办幼儿园,专注教育的公益性。这两种选择对于筹资办学、追求一定经济利益的民办幼儿园而言,前期投入形成的债务压力不支持他们做出此类选择,如果必须做出这种选择,政府就需要尽可能减少幼儿园的债务关系,补偿其办学投入,为其进行公益性办学提供一定的支持;另一方面,如果民办幼儿园选择举办成营利性民办幼儿园,无论是否为普惠性民办幼儿园,都需要承担更多的税费和其他办学成本,这意味着民办幼儿园的办学成本将更高,区别在于普惠性民办幼儿园因自身收费被限制，能够用于分配的办学结余将更少甚至可能入不敷出，而非普惠性民办幼儿园在竞争压力日趋增大的情况下，要么开展面向高收入家庭的个性化教育服务，实现经济利益和办学质量的平衡；要么控制办学质量，走低价竞争的策略，这对民办幼儿园的成本控制是个非常大的挑战，需要政府能够提供更多的民办幼儿园市场信息，防止民办幼儿园之间的无序、不良竞争。

基于以上分析，不难看出，对于已经享受多年民办教育政策以及普惠性学前政策红利的民办幼儿园而言，在民办教育分类管理新政下要想维持自身原有利益，必然要与政府进行各种博弈，而博弈将带来不确定的政策风险和政策执行成本。尤其是对于那些土地产权不明晰和曾经享受普惠性学前教育政策红利的民办幼儿园而言，随着收益风险增加，在目前监管政策细则尚在完善的情况下，可能会冒着违规办学的风险追求短期收益。

3. 民办幼儿园的经营风险压力及合作管理需求

尽管我国民办幼儿园发展规模很大，但总体来看民办幼儿园市场依然不成熟。按照社会主义市场经济理论，成熟市场的一个主要特征是商品交换符合价值规律。对民办幼儿园教育而言，相应的教育服务质量要忠实地反映在服务价格上。但从目前民办幼儿园发展的整体情况看，基于办学质量的竞争要弱于基于资金实力的竞争，更为重要的是多数民办幼儿园的管理经验不足以同时应对这两种竞争。简单来讲，很多具有一定资金实力的民办幼儿园不具备通过改善管理效率来提升办学质量，进而增强自身竞争力的能力。当分类管理对民办幼儿园的办学质量以及成本控制等提出进一步的要求时，民办幼儿园的经营风险压力开始加大、增多。一方面，相关政策禁止通过连锁加盟等方式控制利用国有资产或集体资产举办的幼儿园和非营利性幼儿园，而按照我国目前的土地供给政策，民办幼儿园所占用的土地房舍资源绝大多数属于国有资产或集体资产，仅此一条大多数民办幼儿园就必须采取独立经营的方式。在管理资源相对紧张的地区，尤其是以国有经济、集体经济为主的城镇老旧城区、农村地区等，没有外部成熟的管理经验和教育资源共享的支持，民办幼儿园的办学质量将很难提升，也就无法获得足够的竞争力。另一方面，非营利性民办幼儿园客观上有大量的普惠性民办幼儿园，执行亲民的收费标准的同时要提供有质量的教育服务，同样离不开丰富的管理经验，因此在管理上的合作、共享是这些民办幼儿园的基本诉求。

## 三、民办幼儿园分类管理的应然取向:结果取向

从以上分析不难看出,强调"过程取向"的民办幼儿园分类管理政策面临着实际执行尺度难把控、执行程序复杂且成本较高等挑战,其中突出表现为对民办幼儿园举办者既有的正当利益的损害尚缺乏具体的补偿政策,由此可能带来政策实际执行效果与最初的政策目标背道而驰的问题。当然,并不能以此否定民办幼儿园分类管理新政的地位和作用,只是如要继续推进现有政策的执行,必须从相关政策参与者如何实现自身利益的角度,厘清相关政策执行标准涉及的各种利益关系,从平衡相关利益关系出发,围绕相关政策设计的主要目标,遵循"结果取向"的基本思路,进一步完善相关政策。

### (一)基于"结果取向"的民办幼儿园分类管理制度实施背景

目前有关民办幼儿园分类管理的政策文件,对政策实施目标和结果都有清晰的表述,这反映了我国民办幼儿园分类管理政策对政策执行结果的重视。如在新修订的《民办教育促进法》中指出:"国家对民办教育实行积极鼓励、大力支持、正确引导、依法管理的方针。"在《国务院关于鼓励社会力量兴办教育促进民办教育健康发展的若干意见》中进一步指出:"以实行分类管理为突破口,创新体制机制,完善扶持政策,加强规范管理,提高办学质量,进一步调动社会力量兴办教育的积极性,促进民办教育持续健康发展,培养德智体美全面发展的社会主义建设者和接班人。"在《中共中央国务院关于学前教育深化改革规范发展的若干意见》中则更为明确地指出:"牢牢把握公益普惠基本方向,坚持公办民办并举,加大公共财政投入,着力扩大普惠性学前教育资源供给。……突出问题导向,统筹兼顾、综合施策,破解制约学前教育发展的体制机制障碍,补齐制度短板,激发办园活力,鼓励引导规范社会力量办园,充分调动各方面积极性。……积极扶持民办幼儿园提供普惠性服务,规范营利性民办幼儿园发展,满足家长不同选择性需求。"简单概括起来,对民办幼儿园实施分类管理的政策设计初衷,就是要通过积极支持、引导、规范民办幼儿园发展,扩大普惠性学前教育资源供给,满足广大家长的不同教育需求。

如果从相关政策目标达成的基本思路来看,积极支持、引导、规范是手

段,是过程,而扩大普惠且多元的学前教育资源是目标,如何让手段和过程服务于目标,是相关政策不断完善的基本思路。近些年我国不断推进教育治理体系建设,其基本思路及要求是在教育发展过程中基于教育共识的达成,转变政府职能,形成多元共治的格局。为此,无论是支持、引导,还是规范、管理,要推动民办幼儿园分类管理政策目标的达成,必须考虑相关管理规则和政策工具的选用是否充分建立在利益相关者共识的基础上。可以肯定的是,目前民办幼儿园分类管理的基本共识已经确定,即扩大普惠且多元的学前教育资源供给,但从实践层面讲,基本共识的达成和实现,仍有赖于对共识进行层层分解,并将其体现为一系列的政策执行子目标。也就是说,基本共识的层层分解,对应的是政策执行各个环节要解决的具体问题和实现的具体目标。因此,"结果取向"又或是"目标导向"应是民办幼儿园分类管理政策有效执行的基本选择。

### (二)强调"结果取向"的民办幼儿园分类管理的内涵及动因

所谓"结果取向",主要是指在教育政策的设计与实施过程中,始终遵循政策实施过程服务于政策目标实现的原则。在民办幼儿园分类管理的基本政策目标已经确定的基础上,强调"结果取向"就是要确保相关政策细则的设计与执行,始终围绕政策目标能否有效实现来展开。从目前民办幼儿园分类管理标准及相关政策执行存在的问题看,本质上不是分类管理标准的问题,而是政策执行过程与目标相脱节的问题。对于如何在规范民办幼儿园发展与更好地激发民办幼儿园提供多元、普惠且有质量的学前教育服务之间实现平衡,相关政策细则的设计和实施对政策工具(或手段)与政策目标之间的关系缺乏充分考量,重"规范"而轻"发展"的问题十分明显。如对已建民办幼儿园进行分类登记时,有关权益补偿及产权结构的政策直接关系着民办幼儿园举办者的切身利益,在民办幼儿园合理利益诉求未得到充分考虑的情况下,先行要求民办幼儿园按照相关标准完成分类登记,这必然会增加民办幼儿园的办学风险,直接损害举办者的办学积极性,也有悖于政策设计的初衷。因此,强调"结果取向"的政策设计与执行思路,实际上是要为相关管理体制机制的创新以及政策细则的灵活调整提供参考。

在政策设计与执行过程中强调"结果取向"能够推动民办幼儿园分类管理体制机制的创新,主要源于两方面的原因:一是政府作为主要的政策执行者,强调"结果取向"能够对政府的管理行为产生最大程度的合理约束。政策执行效果评估既是政策执行的重要环节,同时也是评价政府是否充分发挥了其应有管理职能的重要方式,其内在逻辑是将政府完成既定政策目标的实际情况与相应的问责制相结合,以此增强政府自觉履行管理职能、主动参与制度创新的动力。目前在社会公共事业管理过程中,基于政策执行效果的评估而对相关部门及管理者进行问责的情况已十分普遍,如果将其对改善政策执行效果和增强制度创新动力的作用机制进行简单概括的话,正如有学者指出的,这实际上是借鉴或嫁接了企业管理的效益机制来评价政府的管理行为,由过去的软约束转向硬约束后,政府的责任意识进一步得到强化,在具体操作上需要引入公众介入,但在目标考核上则强调结果取向。①

二是强调"结果取向"也是教育政策设计和执行的内在要求。从政治经济学的角度看,教育政策执行本质上是反映、调节社会利益关系的过程,内含着复杂的教育资源分配与流动。② 要确保教育政策执行能达到预期目标,进行及时有效的教育政策执行评估是基本要求。在过去相当长一段时间里,对教育政策执行的评估主要关注教育行政命令是否得到了忠实的执行,但随着社会发展,这种教育政策执行评估已经很难为相关政策的完善提供有价值的参考。毕竟,传统的自上而下传递的教育行政命令仅代表了有限群体的有限理性,而实际的教育资源配置过程是复杂多变的,僵化的教育行政命令很难应对变化的情境。因此,受公共治理理论兴起的影响,教育政策执行评估开始由聚焦过程转向结果为本,再到强调参与。③ 这种转向实际也正是当前教育治理的核心要求,即借助公众参与、协商,使教育政策执行效果能为广大利益相关者及时知悉,进而在教育执行过程中不断构建相应的共识,借助群体智慧推动政策的改善和更新。

### (三)强调"结果取向"的民办幼儿园分类管理政策的具体要求

民办幼儿园分类管理政策的执行强调"结果取向",关键是要避免过度依赖过去单一的、僵化的、自上而下的、行政命令服从式的政策执行模式,在利益相关者共享政策目标及政策执行信息的基础上,多方位地及时把握政策执行情况,群策群力地为政策执行的不断改善和演进提供有效支撑。在目前民

---

① 何翔舟.用公众介入与结果取向硬性约束政府行为[J].中国行政管理,2003(4):25-27.
② 范国睿.教育政策研究[M].福州:福建教育出版社,2020:197.
③ 胡伶.从关注过程、结果导向到共享领导:教育政策监测与评估的理论模型构建[J].教育发展研究,2013(4):1-6.

办幼儿园分类管理相关政策规定的基础上,后续的政策执行与改进至少要符合以下两方面的要求:

一方面,民办幼儿园分类管理政策的执行,需要基于不同民办幼儿园教育服务的正外部性进行改进和完善。民办幼儿园分类管理的基本政策目标之一是扩大普惠性学前教育。从经济学的角度讲,这一目标反映了对民办幼儿园发展的正外部性最大化的要求。教育的外部性是客观存在的,除了直接给国家和受教育者带来积极影响外,对其他社会团体、个人也会产生积极影响,而且这种积极影响在不同级别、类型、性质等教育机构身上有强弱之分,表现得十分多元。[①] 现实中,考虑到教育的正外部性与教育服务供给者的个人收益成反比,政府给予相应的补偿以鼓励社会力量积极参与办学,早已成为一种十分普遍的政策举措,问题是如何根据正外部性的强弱提供最合适的补偿。由于我国当前各类民办幼儿园的发展基础不同,按照现有标准分类登记后,其所提供的教育服务的覆盖范围、入学门槛乃至最终的正外部性强弱客观上会有很大不同。理论上,要想更好地促进民办幼儿园整体朝着普惠、多元、有质量的方向发展,相关政策就应根据民办幼儿园的正外部性强弱进行针对性的管理和扶持,但目前民办幼儿园分类管理标准以及相关政策执行的是"二分法",对体现出不同强度的正外部性的民办幼儿园如何给予多元的、针对性的管理与支持,仍缺乏相应的政策细则。因此,未来民办幼儿园分类管理标准及相关配套政策的优化,需要考虑在现有"二分法"的基础上,进一步根据民办幼儿园的正外部性强弱,细化民办幼儿园管理及支持策略,尽可能为民办幼儿园根据自身实力做出多元选择提供支持和帮助。

另一方面,依据民办学校分类管理标准认定民办幼儿园类型,既应体现结果公平,更应体现程序正义。通过民办幼儿园分类认定及管理来促进民办幼儿园的健康有序发展,最终要体现为结果公平,即不仅公益性和正外部性最强的民办幼儿园能得到最充分的经济补偿与支持,而且被认定为营利或非营利性民办幼儿园后,民办幼儿园能公平地处于同一竞争水平。如果民办幼儿园被分类认定后,其办学成本被迫增加,办学义务加重,但应有权利却未增加,这对民办幼儿园不仅不公平,且有损社会力量投资办学的积极性。而民办幼儿园管理要实现结果公平,确保认定程序正义更为重要。如前所述,我

---

① 潘奇.论教育的外部性[J].湖南师范大学教育科学学报,2008(2):40-42.

国民办幼儿园的发展基础千差万别,对于先前未明确的民办幼儿园土地产权等问题,新的政策如果突然要求民办幼儿园分类登记需要符合相关政策要求,就应首先提供相应的补偿和备选方案,在相关方案不明确的情况下,要尽可能避免"一刀切"式地推进民办幼儿园分类登记。合理的分类管理执行方案不能让民办幼儿园在不确定的存亡之间做选择,而应是在合理的自我追求之间做选择。

## 四、民办幼儿园分类管理与支持制度建设的经验启示

不管是基于"过程取向"还是"结果取向",民办幼儿园分类管理制度的演进反映了在民办幼儿园发展的不同历史时期,民办幼儿园教育的发展水平及对应的社会发展需求。如果将民办幼儿园教育的发展视为社会资源在市场经济体制下的有效配置过程,随着社会主义市场经济体制的建立和完善,民办幼儿园真正实现分类发展并助力我国学前教育事业发展目标的实现,就需要考虑不同历史时期市场经济体制的发展对民办幼儿园分类发展的要求。总体来看,民办幼儿园分类管理与支持制度建设的历程,至少给民办幼儿园教育后续发展带来两方面经验启示。

一方面,当民办幼儿园分类管理面临的问题从"程序问题"向"标准问题"集中时,相关制度的建设与实施应更多地重视质量标准建设。如前所述,我国民办幼儿园教育的快速发展脱离不了特定历史时期我国社会主义市场经济改革的大背景,在市场主导学前教育发展的时期,民办幼儿园发展是被动应付市场经济体制改革的产物。[1] 换言之,即政府放弃了学前教育的部分发展责任,为社会资本进入学前教育领域留下了巨大空间。但随着民办幼儿园发展失序的问题越来越突出,政府开始利用财政手段、行政手段等多种政策工具介入民办幼儿园发展,从依赖比较自由的市场经济到强调政府的强力介入,主要表现是加强对民办幼儿园办学过程的规范性进行审查。面对民办幼儿园庞大的发展规模和自发形成的多元办学模式,注重"程序问题"的审查随之带来的是各种"标准问题"的解决,从民办幼儿园内部治理到招生服务对象、从民办幼儿园资产权属到保教收费标准,是否应由政府全面介入审查、审

---

[1] 曾晓东,刘莉.从单位福利到多元供给——改革开放四十年学前教育事业的发展与改革[J].教育经济评论,2018(6):62-72.

查内容和标准是否合理等等,仍有待探索和评估,而面对民众日渐增长的教育需求,彻底厘清"程序问题"和"标准问题"已变得十分急迫。对此,需要回归到我国民办幼儿园教育发展的初始逻辑,即更好地利用市场机制对民办幼儿园发展的积极作用,政府应如何更好地发挥自身的作用。从目前民办幼儿园发展面临的主要挑战看,无疑应是促进民办幼儿园更好地围绕政府确定的学前教育发展质量目标展开公平竞争。基于此,在所有要解决的"标准问题"中,优先明确发展质量标准以及对应的外部支持条件建设,剩余的"程序问题"和"标准问题"则可以放松审查。

另一方面,推动民办幼儿园分类发展不能强求通过"过程公平"来对应地实现"结果公平"。我国民办幼儿园经过几十年的快速发展已经形成非常复杂的办学主体和办学类型,不同类型民办幼儿园所拥有的教育资源数量、办学动机、办学质量、针对的社会服务群体等都有很大不同。是否以营利为目的反映的是民办幼儿园举办者的办学动机,是否普惠反映的是民办幼儿园的服务对象。一般来讲,办学动机决定服务对象,而非相反。在现有政策框架下,营利性民办幼儿园不可能选择以"薄利多销"的方式向民众提供普惠性学前教育,以此实现营利的目的,只能选择面向高收入幼儿家长提供个性化、优质教育服务;非营利性民办幼儿园则可以面向高收入幼儿家长群体或低收入幼儿家长群体提供两种不同质量的教育服务。由于教育市场分割的客观存在[1],营利性民办幼儿园与非营利性民办幼儿园尤其是其中的普惠性民办幼儿园并不处于同一个幼教市场。政府如果要通过控制土地、财政经费等教育资源的供给,公平给予非营利性民办幼儿园扶持,支持其向民众公平地提供优质、普惠的学前教育服务。这种希望通过"过程公平"来实现"结果公平"的分类管理与支持思路,可能并不会取得预期效果。因为幼教市场分割的存在以及不同民办幼儿园在获得政府支持时缺乏相应的竞争机制,并不符合社会主义市场经济下的公正价值观内涵,即竞争驱动力对于优化资源要素配置、满足民众多样性需求的重要作用。[2] 相关政策如果仅关注对民办幼儿园办学过程的规范,而不重视基于办学质量的竞争性机制的构建,非营利性民办幼儿园就缺乏足够的提供优质普惠性学前教育服务的发展动力。最终对于

---

[1] 贾云鹏,刘青秀,杜学元.教育市场分割:表现、影响及趋向[J].高等教育研究,2006(9):43-47.
[2] 郝娜,韩凤鸣.社会主义市场经济视域下公正价值观内涵的二维诠释[J].经济问题,2018(9):31-35.

民众而言,在家庭经济实力允许的情况下,会倾向于从高收费的营利性民办幼儿园教育市场中选择高质量的教育服务,推动了教育不公平的产生。因此,合理的民办幼儿园分类管理与支持制度建设,应是在整个民办幼儿园教育领域构建基于办学质量的公平竞争机制,为幼儿家长的自由选择提供更大的空间,基于民众选择推动民办幼儿园自主规范办学过程,提升办学水平。

# 第三章
# 民办幼儿园分类管理要处理的主要关系

教育政策是教育权力和利益的具体表现①,民办幼儿园分类管理政策的推进过程,本质上是一系列利益关系和权力关系的调节过程。从民办幼儿园发展的现实背景出发,民办幼儿园分类管理政策涉及的主要利益相关者包括政府、民办幼儿园举办者、幼儿家长等,协调彼此之间的关系就要对各方基本权益与责任进行更为准确的界定。只有各方权益与责任边界足够明晰,各方在行使相应权力来实现自身利益时,才能实现有序互动、多方共赢。但现实是,我国民办幼儿园教育经过多年发展,已经形成了既有的利益格局,尽管这样的发展格局客观上满足了相当一部分民众的教育需求,但其快速发展逐步显现出的无序性、逐利性,客观上对学前教育的公益性也造成了损害。而这种发展格局的形成,一个主要原因是在过去相当长一段时间里,政府对民办幼儿园的规制处于缺位状态。现阶段对民办幼儿园实施分类管理,实际上是要补足过去的管理空位,同时还意味着要打破既有的利益关系并重塑新的权力关系,凸显应有的政府职能,因此必须考虑民办幼儿园分类管理政策的合法化问题。

民办幼儿园分类管理政策的合法化,是要确保相关政策获得合法性地位,并得到社会和公众的支持、认同和遵循,以有效发挥其对公众行为的规范和指导作用。②进一步讲,要确保民办幼儿园分类管理政策中有关政策主体分工、政策执行方式与程序、政策内容、政策目标等的合法性,必须充分考虑利益相关者的诉求,并基于此合理确定各方权利与责任。按照这一逻辑,民办幼儿园分类管理先要着眼于处理好与幼儿家长、民办幼儿园举办者切身利

---

① 孙绵涛.教育政策论[M].上海:华东师范大学出版社,2002:216.
② 范国睿.教育政策的理论与实践[M].上海:上海教育出版社,2011:117.

益相关的各种关系,包括分类管理与分类支持的关系、办学效益与社会效益的关系以及分类管理与分类治理的关系。本章着重对以上三种关系在现有政策中的具体体现、存在问题及改进进行分析。

## 第一节 民办幼儿园分类管理与分类支持的关系

按照民办教育分类管理政策的基本要求,对民办幼儿园进行分类管理与支持,目的是基于对不同民办幼儿园公益性的区分,在规范民办幼儿园有序发展并激励民间力量参与办学的积极性时,应在管理和支持策略上有所区分。因此,对民办幼儿园实施分类管理与支持,对应的是保障不同民办幼儿园基于权利与义务对等的基本原则,享有适当权利和义务。在此基础上,民办幼儿园分类管理与支持在相应的政策设计方面应保持合理的制度边界,这是确保对民办幼儿园实施分类管理与支持能够达到预期目标的关键。

### 一、制度边界:平衡分类管理与分类支持二者关系的切入点

制度一般被认为是一些人为设计、形塑人们互动关系的约束或规则[①],而制度边界则可以被简单理解为区分个体被约束行为和允许行为之间的临界区域。从现实的社会活动来看,制度边界划分了个体的行为范围,但这种范围不可能是一成不变或者绝对界限清晰的,因为不可能穷尽所有个别化的需要禁止或允许的行为,同时随着社会发展必然导致新的个体发展需求和行为动机的出现,原有的规范个体行为的规则将不再适用,这时就需要拓展制度边界。基于此,制度边界至少包含两层含义:一是制度边界是处于被规范的各类行为集合与被允许的行为集合之间的制度环带,它是一个区域而非一个绝对的标准,而制度环带的厚度取决于行为集合的大小;二是制度边界在社会经济发展导致新旧两种经济结构过渡的不稳定时期,需要约束的个体行为有待进一步明确和完善,制度边界就体现为没有制度约束的空白地带(见图3-1)。[②]

---

[①] [美]道格拉斯 C 诺斯.制度、制度变迁与经济绩效[M].杭行译.上海:格致出版社,上海三联出版社,上海人民出版社,2008:3.

[②] 昝廷全.制度边界的类型与意义[J].经济学动态,2008(12):38-40.

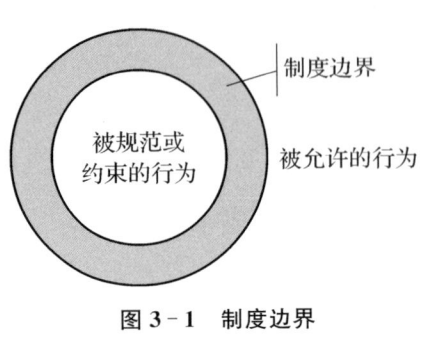

图3-1 制度边界

就民办幼儿园分类管理与支持制度的建设而言,过去在相当长一段时间里,有关民办幼儿园办学行为、办学属性、发展扶持等的规定十分笼统模糊。也就是说有关民办幼儿园的权利和义务的规定还十分笼统,二者之间的边界并不清楚,相应的制度边界也比较宽泛,保留了诸多没有制度约束的空白地带,而这正是我国民办幼儿园在快速发展的过程中出现了过度逐利,并导致学前教育公益性受损的一个重要原因。现阶段我国社会政治与经济结构正处于一个全新的发展时期,对民办幼儿园发展也提出了新的要求。根据相关要求,民办幼儿园过去处于制度边界中的很多办学行为将被明确加以约束或允许,制度边界中的空白地带也将会不断缩小,但从社会管理的角度讲,制度边界不能被无限压缩成"刚性"的一条线,而应是一个保持适当"弹性"的区域。对民办幼儿园进行分类管理,一方面理应包含着对不同民办幼儿园必须履行的责任和义务的要求,指出民办幼儿园必须被规范和约束的行为,另一方面在被明确规范和约束的行为之外,则应该是被允许的行为,其代表着民办幼儿园需要得到保障的权利,二者之间的关系应尽可能对等,而这实际上反映的是如何妥善处理好政府和市场的关系。对此,李克强总理在2014年十二届全国人大二次会议上指出的我国经济改革的要求,对这一问题已经做了很好的回答,即让市场主体"法无禁止即可为",让政府部门"法无授权不可为"[①]。基于此,要平衡民办幼儿园权利和义务的关系,政府对民办幼儿园进行分类管理同样应符合"法无授权不可为"的原则,明确指出民办幼儿园必须被约束的行为和政府的管理责任;而对民办幼儿园进行分类支持则应符合"法无禁止即可为"的原则,为民办幼儿园实现自身权利的各种选择提供应有的支持和引导。

总之,要平衡民办幼儿园分类管理与分类支持的关系,促进民办幼儿园有序发展,在政策设计层面至少要考虑两方面内容:一方面,确保民办幼儿园举办者的权利和义务实现真正的关系对等,首先要明确其必须被约束的各类

---

① 薛家明."法无禁止即可为"奏响改革最强音[EB/OL]. http://cpc.people.com.cn/pinglun/n/2014/0314/c241220-24638346.html,2014-03-14.

行为集合,以不能侵害公共利益为底线,同时要明确保障其基本权利,权利实现和义务履行不能彼此冲突、原则上有僭越;另一方面,要确保民办幼儿园举办者的权利和义务实现之间保持一定的弹性空间,要根据我国学前教育发展的现实基础和发展趋势,确保民办幼儿园举办者在实现自身权利方面拥有足够的自主权,基于"法无禁止即可为"的原则,在明确其必须履行的基本义务的同时,为其自主创新与探索留足弹性空间。

## 二、民办幼儿园分类管理与分类支持之间对等关系的实现

### (一)民办幼儿园分类管理政策中有关办学义务的规定

通过对《民办教育促进法实施条例》《国务院关于鼓励社会力量兴办教育促进民办教育健康发展的若干意见》《中共中央国务院关于学前教育深化改革规范发展的若干意见》三份国家性政策法规以及各地省级政府层面的配套政策进行文本分析可知,有关民办幼儿园管理的政策中对举办者办学义务的要求主要涉及"举办者资质及要求""出资和筹资方式""组织管理结构""经营方式""分类登记要求及程序""人事管理""收费办法""财务审计""内部监管""收益分配和资产清算""办学质量""招生制度"等多个方面,而其中明确涉及民办幼儿园分类管理的政策内容则主要集中在"举办者资质及要求""出资和筹资方式""经营方式""分类登记要求及程序""收费办法""财务审计""人事管理""收益分配和资产处置"等方面。这些政策内容主要围绕如何约束举办者的逐利行为而展开,对举办者办学义务的规定则主要体现为限制民办幼儿园举办者的身份或资质和控制举办者的利益空间两方面。

具体而言,在限制民办幼儿园举办者的身份或资质方面,还包括对举办者特定的经营方式提出要求。虽然在我国的《民办教育促进法实施条例》中并没有明确说境外资本能否参与举办幼儿园,但在《中共中央国务院关于学前教育深化改革规范发展的若干意见》中对社会资本参与办学的形式提出了若干要求,如指出"社会资本不得通过兼并收购、受托经营、加盟连锁、利用可变利益实体、协议控制等方式控制国有资产或集体资产举办的幼儿园、非营利性幼儿园"。其中的"利用可变利益实体""协议控制"属于境外资本投资我国社会事业的两种主要方式,而"兼并收购""加盟连锁"则属于目前民办幼儿园集团化发展的主要模式。考虑到目前国内绝大多数民办幼儿园所占用的

园舍、土地等并非属于通过土地出让、购买等方式获得的个人资产,而属于以租赁等方式获得的集体资产或国有资产,如小区配套园等,上述规定实际上基本将民办幼儿园举办者的资质及幼儿园主要经营方式限定为由国内个体资本独资办学。理论上,独资、独立办学能减少出资者过多、利益诉求复杂可能对办学决策和行为的消极影响,但目前多数民办幼儿园属于投资办学而非捐资办学的事实,使得这样的规定很难避免对举办者和出资者参与办学的积极性产生消极影响。

而在严格控制举办者办学利益方面,按照现有政策规定,非营利性民办幼儿园不仅不允许对办学结余进行利益分配,而且终止办学后的办学资产也不得转让和买卖,同时办学收费标准采取政府限价等要求,即所谓的"生不分钱,死不分财"。[①] 至于营利性民办幼儿园,尽管无需受到上述政策限制,只需遵循民办教育管理的一般性要求,如接受财务审计、构建规范的财务制度等,但实际上按照现有政策,营利性民办幼儿园很难获得诸多重要的办学资源要素,发展空间也受到严格限制。如按照现有的幼儿园教育用地供给政策以及幼儿园园址普遍靠近居民聚居区的现实情况,营利性民办幼儿园很难通过土地出让的方式获得小区周边土地,而要以转让的方式获得办学用地,则需要服从小区配套园建设的要求,举办成非营利性民办幼儿园或普惠性民办幼儿园。虽然有很多民办幼儿园是通过租借商业用地的方式来办学,可以不受上述政策的限制,但本身又面临非教育用地原则上不能用于办学的政策要求。随着国家相关土地政策的改革,这部分民办幼儿园也会面临调整的要求。

### (二)民办幼儿园分类支持政策中有关办学权利的规定

目前针对民办幼儿园发展权利的政策则主要涉及"扶持对象及依据""税费优惠""用地优惠""金融服务""财政拨款"等方面的内容,其中明确针对民办幼儿园分类支持的政策除了"金融服务"外,其他均有涉及。总体来看,这些政策主要是基于对民办幼儿园教育具有一定程度的公益属性的基本判断,围绕如何直接或间接地分担民办幼儿园办学成本来展开,并将政府对民办幼儿园办学成本的分担视为民办幼儿园的重要权利,但在具体规定上有区分,重点是分担非营利性民办幼儿园尤其是普惠性民办幼儿园的办学成本。

从2010年国务院发布的"国十条"开始,中央各项政策文件基本上确定了

---

① 吴华.重新审视民办学校分类管理的理由[J].教育经济评论,2016(2):3-7.

优先扶持普惠性幼儿园发展的基调,并给出了基本的政策执行思路。如在2018年《中共中央国务院关于学前教育深化改革规范发展的若干意见》中规定:"通过购买服务、综合奖补、减免租金、派驻公办教师、培训教师、教研指导等方式,支持普惠性民办幼儿园发展,并将提供普惠性学位数量和办园质量作为奖补和支持的重要依据。"上述支持普惠性民办幼儿园发展的方式,基本上沿用的是"国十条"中的相关规定。除此之外,从中央到地方各级政府所发布的"小区配套园"政策中,都明确要求小区配套园要举办成公办幼儿园或普惠性民办幼儿园,而不能是营利性民办幼儿园。由此可以看出,政府给予民办幼儿园的成本分担支持作为民办幼儿园的重要发展权利,基本上都被局限在非营利性民办幼儿园,有关营利性民办幼儿园的办学权利仅仅局限在资产处置、土地供给等几方面,涉及办学成本分担的权利很少。即使如此,在涉及基本办学要素等的发展权利方面,营利性民办园也受到很大限制。如在《国务院关于鼓励社会力量兴办教育 促进民办教育健康发展的若干意见》中指出:"营利性民办学校按国家相应的政策供给土地。"但由于土地的审批、规划权主要在地方政府,从目前各地颁布的相关政策看,并没有关于营利性民办幼儿园土地供给的相关政策细则。现实中,很多地方政府往往是优先满足对非营利性民办幼儿园的土地供给,甚至存在要求营利性民办幼儿园腾退土地和园舍供非营利性民办幼儿园办学的情况。

### (三)民办幼儿园分类管理与分类支持之间对等关系实现的困境

基于以上分析不难看出,目前针对不同类型民办幼儿园的义务与权利的要求,总体呈现义务规定多而权利保障少,二者关系不对等甚至彼此冲突的问题。在政策执行过程中,如果相关方面得不到进一步完善,势必会对民办幼儿园举办者的办学积极性产生消极影响,甚至加剧民办幼儿园的办学风险。

目前我国民办幼儿园大多采取的是筹资办学的方式,获取一定的经济利益是民办幼儿园举办者的主要办学动机,这理应成为相关政策需要明确保障的民办幼儿园基本权利。虽然民办幼儿园分类管理的重心是防止民办幼儿园过度逐利,但是否等同于不允许营利,仍需要进一步明确,因为这涉及民办幼儿园举办者办学积极性的问题。现有政策仅仅是明确了营利性民办幼儿园可以营利,但对非营利性民办幼儿园不允许营利的规定,基本上沿用的是捐资办学的管理思路和理念,这显然有悖于当前市场经济运行的基本规律,不利于激发举办者的办学动机。非营利性民办幼儿园在享受各项优惠政策,降低自身办学成本的同时,也要遵循有关收费限价、办学结余不得用于分配等的规定,办学成本降低并没有增加其经济利益,反而要承担更多的社会责任。而营利性民办幼儿园看似有更多的办学自主权,但在土地、园舍、税费减免等方面根本无法享受与非营利性民办幼儿园相同的权利,导致实际办学成本更高,同时在办学水平等方面可能要承担更多的责任。如四川省规定,采用加盟、连锁等方式办学的营利性幼儿园原则上应取得省级示范园资质。① 营利性民办幼儿园本身在获得土地等基本教育资源方面已经处于弱势,如果又无法自主决定办学模式与水平,可能会面临更大的生存和发展压力。

## 三、民办幼儿园分类管理与分类支持之间的弹性关系

### (一)保持弹性关系的意义:举办者办学积极性和创造力的激发

在民办幼儿园分类管理与分类支持相关制度建设过程中,之所以要在二者之间的制度边界中保持一定的弹性空间,原因就在于民办幼儿园教育涉及复杂的政府与市场共同参与教育资源配置的过程,必须要考虑如何充分激发举办者办学积极性和创造力的问题。

当前我国学前教育发展的基本目标是实现学前教育普及、普惠、安全、优质发展,这既是民办幼儿园分类管理与支持要实现的主要目标,也是规范民办幼儿园发展的底线。"普及"意味着社会力量参与办学的积极性要能得到最大程度的激发,尽可能地丰富学前教育资源;"普惠"意味着收费合理、民众可承受;"安全""优质"则意味着民办幼儿园办学质量要有保障。民办幼儿园分类管理应基于上述要求来明确民办幼儿园必须被约束和规范的办学行为。在学校办学行为监管方面,世界范围内对民办学校实施监管主要有绩效问责制、监管问责制和市场问责制三种形式。② 这三种监管机制普遍强调基于办学结果评价及相关信息反馈,对民办学校进行相应的管制和约束。普及普惠安全优质作为民办幼儿园的发展底线,相关监管制度显然也应集中在这些方面。除此之外,民办幼儿园为实现自身办学诉求的所有办学行为则理应得到允许甚至支持。

---

① 四川省学前教育深化改革规范发展实施方案[EB/OL].[2019-11-8].https://www.sc.gov.cn/10462/10464/10465/10574/2019/11/8/b10c1bfad46440efaa1d2defde6c243c.shtml.
② 李清刚.公共管理视域下民办教育政策研究[M].广州:暨南大学出版社,2014:133-135.

目前民办幼儿园最主要的办学诉求是实现自身办学利益，在确保民办幼儿园实际办学行为不触碰民办幼儿园发展底线的基础上，政府只需要尽可能为民办幼儿园发展提供公平透明的市场竞争环境，支持其自主办学并实现合理办学利益是应然选择。客观上，政府的有限理性根本无法预测复杂市场经济活动中的每一种决策和结果，"好的政府应该是维护财产权、消除贸易壁垒和其他市场扭曲，包括没有过高的税率和过多的管制。"[①]就民办幼儿园分类管理而言，对民办幼儿园的规制和约束应局限于在保证办学质量的基础上维持有序、公平的竞争环境，而对民办幼儿园的支持则应是尽可能减少其竞争成本并基于公共目标适当分担其办学成本，在二者之间应留给民办幼儿园自主探索的弹性空间，由民办幼儿园自主决定如何在办学质量和办学成本、办学过程之间实现平衡，以此最大程度激发民办幼儿园办学的积极性和自主创新的动力。这是民办幼儿园分类管理与分类支持之间保持一定弹性关系的重要意义所在。

### (二) 保持弹性关系的重点领域：经营管理和利益分配

从维持民办幼儿园办学积极性和自主性的角度看，需要重点在民办幼儿园分类管理与分类支持之间保留弹性关系的领域，应是民办幼儿园的经营管理和利益分配，这两方面虽然已是相关政策建设的重点，但对相关弹性关系建立的重要性的认识仍有待深化。

民办幼儿园的经营管理模式涉及对各种办学资源的调配和使用，对举办者自身而言直接涉及自身办学效率和办学利益。客观上讲，不同民办幼儿园的发展基础和条件存在很大差异，既要保障办学质量，又要实现办学利益，需要基于自身发展环境灵活做出经营管理决策，因此很难通过一种固定的经营管理模式应对行业竞争压力。这也是我国各类教育政策中普遍提出要切实保障包括幼儿园在内的民办学校办学自主权的原因所在。但同时，学前教育的公益性以及其遵循的发展规律，决定了某些经营管理模式只适合于单纯追求经济利益的商业活动，而不适合民办幼儿园管理。比如《中共中央国务院关于学前教育深化改革规范发展的若干意见》中就要求："社会资本不得通过兼并收购、受托经营、加盟连锁、利用可变利益实体、协议控制等方式控制国有资产或集体资产举办的幼儿园、非营利性幼儿园。"这一政策规定实际断定

---

① 罗伯特.J.巴罗.自由社会中的市场和选择[M].上海:格致出版社.上海人民出版社,2010:32.

上述经营管理模式会损害民办幼儿园教育的公益性,但禁止了这些经营管理模式是否真能够有效制止民办幼儿园过度逐利的办学行为,并且在实现民办幼儿园发展的公益性目标的同时,还不损害民办幼儿园的办学自主权和办学积极性,则有待商榷。从目前我国民办幼儿园办学经费的主要来源、产权结构的基本特征以及采取的主要办学形式来看,很多民办幼儿园在经营管理模式上属于上述政策所要规制的对象。至于除上述经营管理模式之外,是否还有更适合民办幼儿园尤其是非营利性民办幼儿园的经营管理模式,按照各地制定的民办学校分类管理时间表,留给民办幼儿园自行调整和探索的时间已经不多了。从这点来看,要通过分类管理政策规制民办幼儿园的具体办学过程,相对应的分类支持政策就应该支持民办幼儿园在管理模式上进行自由探索。

另外,民办幼儿园的利益分配相比于经营管理来讲,更直接地关系到民办幼儿园的办学积极性。时至今日,从我国民办幼儿园的发展规模和水平来看,已经形成了相对稳定的办学格局,这包括形成了比较固定的经营管理模式和课程教学模式,其背后隐含的是相对稳定的利益分配格局。对民办幼儿园进行分类管理和分类支持,主要目标是扩大其公益性的同时,抑制过度逐利带来的各种办学风险,但这不意味着公益性和逐利性存在必然的矛盾,适度逐利反而是激发社会力量办学积极性和民办学前教育市场竞争活力的重要条件,而否认经济利益的驱动对民办幼儿园举办者办学积极性的激励作用,能否找到一种更好的激励要素或机制则有待商榷。按照市场经济运行的一般规律,要抑制过度逐利可能导致的公益性受损,一般采用的经济手段是通过明确准入与退出的竞争标准和提高竞争的公平性和透明性来实现,而不是试图通过控制生产过程和生产效率的行政手段来实现。因此,在过度逐利导致民办幼儿园公益性受损和适度逐利来调动民办幼儿园办学积极性且更好地扩大普惠性学前教育资源之间,显然还有很大的制度探索空间。

### (三)民办幼儿园分类管理与分类支持之间弹性关系的实现

综上所述,要在经营管理和利益分配两方面,保持民办幼儿园分类管理与分类支持制度建设之间的弹性关系,基本思路是基于普惠普及安全优质提出最低限度的规制性要求,强化民办幼儿园在公平的行业竞争压力下进行自主办学、自主经营以及追求合理利益诉求的行为,为营利性和非营利性民办幼儿园在经营管理、利益分配等方面自主创新探索提供必要的弹性空间。但是，考虑到教育发展效果具有滞后性以及难以绝对地消除办学信息不对称，仅仅依靠市场的自发调节可能造成教育资源浪费以及公共利益受损，在留给民办幼儿园自主探索的弹性空间的基础上，仅仅依靠在分类管理上保持底线思维，还不足以充分引导民办幼儿园有序发展，还应该在分类支持方面强化相应的制度供给。

在市场经济活动中，公共制度供给同样是一种重要的资源，它不仅指出行动的规则，也可以传递相关的标准、理念、思路，以此引导市场主体做出更为合理的市场行为。就民办幼儿园分类管理而言，在诸如经营管理、利益分配等需要民办幼儿园自主探索的方面，明确不同类型民办幼儿园必须履行的基本义务的同时，还要注意"法无禁止即可为"不等于放任民办幼儿园盲目探索，如果缺乏明确的政策引领和支持，势必会增加民办幼儿园的探索成本和风险。对民办幼儿园进行分类支持不仅要提供与分类管理对等的必要的直接支持，如对办学成本的适度分担，还应通过政策供给为民办幼儿园提供有关经营管理模式、内部财务监管、法律咨询等方面的指引，间接降低其办学成本和办学风险。在这方面，国外有不少值得借鉴的相关经验。如英国政府在对本国私立学前教育机构进行管理和支持时，除了有直接的成本分担政策，专门出台了针对地方政府管理政策执行过程的政策，在规范政府行为的同时，要求政府相关部门要为私立学前教育机构在办学经验和办学信息分享、发展规划、政策资源获取等方面提供咨询和帮助。[1]

总体来看，保持民办幼儿园分类管理与分类支持之间的弹性关系，不是要单纯地将政府的民办幼儿园管理职能降到最低，而是基于民办幼儿园管理的基本目标来明确政府基本的管理行为和民办幼儿园的基本义务，在匹配对等的民办幼儿园发展权利保障的同时，还要考虑为不同类型民办幼儿园开展有效的探索提供政策指引，促使民办幼儿园在不被允许的规制行为之外进行理性而自主的办学探索，进而促进整个民办幼儿园行业繁荣、有序地发展。

---

[1] Department for Education. Supporting early years providers to run sustainable businesses: Summary[EB/OL].(2014-05-15)[2018-01-15]. https://www.gov.uk/government/publications/supporting-early-year-providers-to-run-sustainable-businesses/supporting-early-years-providers-to-run-sustainable-businesses-summary.

## 第二节 民办幼儿园经济效益与社会效益的关系

私益性和公益性是民办幼儿园教育自带的两种属性,分别对应的是民办幼儿园对经济效益的追求和其社会效益的实现。在社会主义市场经济体制下,民办幼儿园发展遵循着相应的市场规律,通过获得一定的经济效益来实现自身发展,并与此同时向公众提供教育服务,体现其社会效益。如何正确看待民办幼儿园办学的私益性与公益性,又或经济效益与社会效益之间的关系,将其理解为相辅相成,还是矛盾冲突,直接影响着对民办幼儿园的管理决策,近些年学界对此也有诸多讨论。民办幼儿园追求经济效益,是从其自身生存发展出发做出的自然选择,而为尽可能多的民众提供有质量的教育服务,则是民办幼儿园社会效益的重要体现。考虑到受市场机制调节的影响,如果对民办幼儿园追求经济效益的行为不加限制,确实会损害其社会效益的实现,但限制过多,又不利于民办幼儿园办学积极性的激发,这也是不少人认为民办幼儿园的经济效益和社会效益是矛盾关系的原因。因此,未来如何处理民办幼儿园追求经济效益与实现其社会效益之间的关系,不仅直接决定着社会力量参与办学的积极性能否得到持续激发,而且最终关系着在优质公共学前教育资源仍相对短缺的情况下,能否尽快推动我国学前教育事业实现普惠、普及、优质发展。

### 一、民办幼儿园追求经济效益的合法性与合理性

所谓经济效益,简单讲就是投入与产出的比例关系。民办幼儿园追求经济效益,可以简单理解为民办幼儿园以最少或不变的办学投入,产出最多的、民众愿意接受的教育服务,并通过收取高于办学投入的保教费,实现办学盈余,支持自身发展并从中获取经济利益。从我国民办幼儿园管理政策的发展历史看,围绕民办幼儿园追求经济效益的合法性与合理性问题进行了长期探索,直到近些年才有了比较明确的界定与认识。

#### (一)民办幼儿园追求经济效益的合法性

是否允许民办幼儿园追求经济效益并从中获取经济利益,并赋予其合法

性,是民办幼儿园分类管理政策探索的一项重要内容。所谓政策的合法性,即指教育政策的价值选择符合某些普遍性规则,如法律、社会价值观、意识形态、传统典范等,并由此被社会承认、认可和接受。① 从改革开放至今我国民办幼儿园管理的相关政策看,有关民办幼儿园追求经济效益的合法性问题,经历了从模糊到明确的过程。

第一阶段:模糊认可阶段。从我国民办幼儿园管理政策的演变来看,最初对民办幼儿园是否可以获得经济利益虽未做明确说明,但总体上支持民办幼儿园通过提升办学效益来实现自身发展。比如早在1988年,就考虑到在当时的社会经济条件下,民办幼儿园筹集办学经费实属不易,在发布的《关于加强幼儿教育工作意见的通知》中就具体指出民办幼儿园可以"合理收费,独立核算,自负盈亏",并且地方人民政府有补助的职责。"自负盈亏"这样的说法,实际上就意味着允许民办幼儿园可以像企业一样,通过提升办学效益,获得办学结余来实现自身发展。而在1989年颁布的《幼儿园管理条例》中又进一步强调鼓励各类社会力量举办或捐资助园。这不仅意味着社会力量办园正式在法律层面得到认可,而且指出了民办幼儿园的两种办学形式,即社会力量独立办学和捐资助园。这两种办学形式实际上不仅反映了社会力量参与办园的出资形式,也反映了其参与办学的目的:社会力量出资举办幼儿园,实际上只有追求办学效益并从中获取经济利益,才能实现民办幼儿园持续发展;而社会力量捐资办园,则意味着其不实际参与幼儿园办学,也就不追求从幼儿园办学效益中获得经济利益,具有更强的公益性。

第二阶段:明确限制阶段。1995年颁布的《中华人民共和国教育法》中明确规定:"任何组织和个人不得以营利为目的举办学校及其他教育机构。"这实际上反映了在整个教育管理制度层面,包括民办幼儿园在内的民办学校仍被视为公益性社会机构而非企业进行管理。到了1997年,虽然在教育部发布的《全国幼儿教育事业"九五"发展目标实施意见》中指出,对于整个学前教育办学经费不足的问题,可以通过政府、家长、幼儿园自身、社会等多方渠道,以拨款、缴费、捐助、自筹等多种形式解决,继续强调了社会力量投资办园对扩大学前教育资源的重要性,但在同年颁布的《社会力量办学条例》中又一次强调,社会力量办学不得以营利为目的,办学积累不能用于分配。这样的规定实际上是笼统地将民办幼儿园举办者获取经济利益的行为视为"非法"行为,

---

① 刘复兴.教育政策的价值分析[M].北京:教育科学出版社,2003:81.

只不过对于如何区分"是否以营利为目的"没有具体的政策说明,仍为民办幼儿园举办者获取经济利益留下了一定的操作空间。

第三阶段:部分认可阶段。2002年颁布的《民办教育促进法》中对于民办学校是否可以获取经济利益的问题补充了新的规定,允许包括民办幼儿园在内的民办学校出资者从办学结余中取得合理回报,但为了不与《教育法》中有关不得以营利为目的举办学校的规定相冲突,特别指出"民办学校在扣除办学成本、预留发展基金以及按照国家有关规定提取其他的必须的费用后,出资人可以从办学结余中取得合理回报。"实际上从政策操作层面来讲,关于取得"合理回报"的办法、"合理回报"的提取比例、相应的会计监管制度、配套税费优惠政策等仍未有进一步说明,这虽然给"合理回报"制度的执行留下了很大的弹性空间,但至少对民办幼儿园获取经济利益的合法性给予了一定的认可。

第四阶段:个别调整阶段。随着我国民办教育的快速发展,"合理回报"制度的不足也日益凸显,主要表现为对不同办学取向的民办学校未能产生正确引导,民办学校对"合理回报"的过度追求开始损害教育的公益性,这在民办幼儿园发展中体现得尤为明显。如2007年发布的《教育部关于加强民办学前教育机构管理工作的通知》,专门针对民办幼儿园发展过快而带来违规办学问题,如校车安全、从业人员资质等,给出了相应的要求。这一政策背后实际上反映的是,大量社会资本进入学前教育后,为追求经济利益而忽略了规范办学的要求,进而造成了诸多办学事故。因此,抑制民办幼儿园过度逐利,进而引导民办幼儿园教育整体向着普惠发展,逐渐成为如何看待民办幼儿园举办者获得办学收益问题的价值导向。

第五阶段:分类探索阶段。从2010年国务院发布"国十条"开始,我国开始以普惠性为区分,对民办幼儿园发展进行规范和引导。虽然对民办幼儿园应该在追求合理回报的同时,更好地体现其公益性,未有更为具体和明确的政策说明,但通过一系列的普惠性民办幼儿园发展扶持政策,间接地对民办幼儿园获取办学收益的行为进行规范和引导。在承认民办幼儿园举办者可以取得合理回报的同时,专门针对普惠性民办幼儿园给予更大力度的扶持,但前提是在收费标准、办学质量以及财务制度等方面要接受政府的监管。这实际上是通过扶持普惠性民办幼儿园发展、扩大民办幼儿园数量的同时,打破民办幼儿园可能因垄断而形成的过度逐利局面,从而使民办幼儿园追求经济利益的行为,回落到一个相对合理的水平,即"合理回报"。所以总体来看,这一时期对民办幼儿园追求经济利益的行为在法律上仍然是默许的。

第六阶段:分类规范阶段。到了2016年新修订的《民办教育促进法》出台后,明确提出了以营利和非营利为区分,对民办学校实施分类管理,而取消了适用于整个民办学校的"合理回报"规定。至此,就民办幼儿园而言,只有选择登记为营利性的民办幼儿园才能够合法地追求经济利益,而对于选择登记为非营利性的民办幼儿园,回归到以对待"捐资助学"的公益性幼儿园的方式进行管理,任何对办学结余进行分配的行为都将被视为违法。

### (二) 民办幼儿园追求经济效益的合理性

民办幼儿园追求经济效益的合法性问题,虽然在不同时期的政策法规文件中有不同的界定,但从民办幼儿园发展的现实背景及条件来看,民办幼儿园追求经济效益,体现了市场经济发展的基本规律,因此其具有一定的现实合理性。

第一,按照市场经济的基本规律,驱动社会资本参与公共事务的主要动力,就是经济利益,因此要有效动员社会力量参与举办幼儿园,应该且必须承认经济动机的驱动作用。以往有关民办幼儿园管理的政策法规是基于教育的公益性,来推导出对民办幼儿园举办者办学动机的要求,倾向于认为民办幼儿园举办者获取经济利益的动机难以与提供公益性教育服务的动机相调和。但从我国多数民办幼儿园属于筹资办学的基本情况看,从办学的经济效益中获得经济利益,是大多数社会力量参与办学的前提,加之我国"捐资办学"的制度氛围仍远未形成①,基于适当的经济利益引导和鼓励社会力量参与办园,仍应是一种重要的政策选择。

第二,民办幼儿园追求经济效益并从中获取一定的经济利益,关系着民办幼儿园的生存发展。民办幼儿园要实现持续壮大发展,离不开必要的办学积累。类似于企业积累,办学积累可简单理解为将幼儿园收取的保教费刨去各种必要的办学成本支出外的资金结余,在我国现有政策法规中也被称之为办学结余。办学积累是民办幼儿园经济效益的具体体现,经济效益越高,办学积累越多,也意味着可以用于自身生存和发展的办学经费越多,如扩大办学规模、增加办学软硬件投入、提高办学水平等,民办幼儿园在市场经济中占据优势的可能性也就越大,而从办学积累中拿出多少用于经济利益分配,则

---

① 卢威.民办学校分类管理的现实基础与基本路径[J].现代教育管理,2016(9):53-58.

意味着对举办者的激励程度。由此不难看出,民办幼儿园追求经济效益并从中获得适当的经济利益,对于绝大多数筹资办学的民办幼儿园而言,不仅意味着生存发展,也意味着办学动力的强弱。

第三,民办幼儿园追求经济效益与实现其社会效益相冲突是有条件的,而不是必然的。民办幼儿园必须通过追求经济效益为自身可持续发展积累必要的办学资金,在这一过程中,民办幼儿园决定从经济效益中获取经济利益,是否会降低其社会效益,取决从办学积累中划分走的经济利益是否显著减少了民办幼儿园用于办学的资金,并导致民办幼儿园办学质量下降、办学规模和受教育群体减少。只要民办幼儿园举办者能合理控制办学成本并提供符合民众需求、具有一定办学质量的教育服务,民办幼儿园对办学结余进行适当分配,就不会影响其社会效益。

总之,民办幼儿园追求经济效益并从中获取合理的经济利益,在特定的条件下不会损害其社会效益及公益性,反而有助于民办幼儿园发展及社会效益的扩大。但其中的难点是,如何确保民办幼儿园举办者能够自觉地从中取得合理的经济利益。

### (三)民办幼儿园追求经济效益的主要困境:合法性与合理性的冲突

从民办幼儿园管理政策的发展历史看,相关决策考虑到了民办幼儿园追求经济效益的合理性,并且在不断探索如何进一步准确赋予其合法性,以实现合法性与合理性的统一。目前所采取的基本策略是通过分类登记和管理的方式,对民办幼儿园追求经济效益以及从中获取经济利益的行为进行区分和明确,但这一策略在实际执行时面临着不小的困境。

要求并鼓励民办幼儿园追求经济效益,以此不断提升办学质量,扩大教育服务范围,无论对于营利性还是非营利性民办幼儿园都有着相同的要求,且具有充分的合理性。而进一步通过要求民办幼儿园自主选择登记为营利性或非营利性,只赋予营利性民办幼儿园可以从幼儿园经济效益中获取经济利益的合法性,替代了先前有关民办幼儿园都可以取得"合理回报"的合法性规定,在整体政策设计层面,试图以此兼顾部分社会力量筹资办学、获取经济利益的需要,来彰显整个制度对民办幼儿园获得经济利益的合法性的认可,却忽视了追求经济利益几乎是现阶段所有类型民办幼儿园追求经济效益的一个重要目的。目前整个民办幼儿园管理政策倾向于尽可能地支持非营利性民办幼儿园特别是普惠性的非营利性民办幼儿园发展,同时限制营利性民办幼儿园。最为明显的是,现有政策法规对于营利性民办幼儿园的设立有着十分严格的限制条件,包括资产属性不能为国有资产或集体资产,土地房舍不能为规划中的小区配套园,不能上市融资等。而如前所述,在现有土地供给政策以及普惠园发展政策下,民办幼儿园举办者要拥有独立的土地产权、办学资产十分困难,对自身初始办学资金的充裕程度也有很高要求。选择登记为非营利性民办幼儿园,就不能通过提高经济效益而从中获得经济利益。在获取经济利益仍然是社会力量投资办学的主要激励动机的情况下,如果没有更合理的替代激励,那么社会力量举办非营利性民办幼儿园的积极性就会极大降低。因此,只认可营利性民办幼儿园获取经济利益的合法性,实际上对非营利性民办幼儿园并不合理,最终对社会力量办学起到的激励作用会比较有限。

## 二、民办幼儿园实现其社会效益的内涵及条件

### (一) 民办幼儿园社会效益的内涵及要求:普惠及有质量

民办幼儿园社会效益的实现,至少需要满足两项要求,即普惠及有质量。具体而言:有质量指民办幼儿园提供的教育服务质量需符合民众期待,并满足民众最主要的教育需求;普惠即从可支付性上能普遍被幼儿家长所负担和接受。而要同时满足这两项要求,则需考虑以下因素。

一方面,决定民办幼儿园办学质量的主要因素是办学成本。尽管办学成本高不一定意味着办学质量高,民办幼儿园自身的管理效率、管理决策和理念等都会影响其办学成本。但一般而言,一定的办学质量往往对应着一定的办学成本。要保证提供一定质量的教育服务就必须保证相应的教育投入。我国民办幼儿园经过几十年发展,目前已占据学前教育半壁江山,无论从在园儿童数量上讲,还是从实际覆盖范围上看,发展规模及带来的社会效益都有目共睹,但发展质量参差不齐、整体发展水平偏低的问题依然十分突出,其中整体办学投入不足是主因。根据教育部公布的相关数据,2019 年民办幼儿园在园儿童数多出公办幼儿园近 600 万,[1]但总的教育支出仅为

---

[1] 中华人民共和国教育部.学前教育分年龄幼儿数(总计)[EB/OL].http://www.moe.gov.cn/s78/A03/moe_560/jytjsj_2019/qg/202006/t20200611_464868.html.

1 545.33亿元,比公办幼儿园的教育支出2 107.54亿少了500多亿的投入。[①]如果不考虑管理效率等因素,要确保民办幼儿园办学质量有保证且能稳定提升,保证持续、充足的办学投入是关键。

另一方面,普惠取决于民办幼儿园的办学收入、生均成本及收费标准。民办幼儿园的办学收入主要来自保教费,根据2019年教育部公布的数据计算可知,保教费收入约占目前整个民办幼儿园总收入的约84.24%,而政府公共财政投入仅占总收入的8%。理论上,维持一定的办学质量对应一定的办学成本,民办幼儿园要向社会提供更多普惠性学位,就需要制定与实际办学成本相匹配且幼儿家长能承担得起的收费标准,以此增加办学收入,并为扩大学位数量、提高教育质量预留资金,进而体现民办幼儿园的社会效益。而通过公共财政分担民办幼儿园办学成本的意义就在于,不仅能降低民办幼儿园自身办学成本和收费标准,同时还能增加民办幼儿园办学收入,强化其提供更多有质量的教育服务的能力。因此,民办幼儿园要不断扩大办学规模,向社会提供更多学位,需要基于合理收费获得稳定的办学收入。

## (二) 民办幼儿园实现其社会效益的条件:质量标准和办学自主

如前所述,民办幼儿园通过提供普惠且有质量的学前教育服务来实现其社会效益受办学成本、办学收入等影响。而办学成本与办学收入的比例关系通常反映了幼儿园的经济效益。从经济效益实现的过程看,民办幼儿园要实现其社会效益要符合两项条件:有严格的教育质量标准把关和充分实现办学自主。

一方面,由于办学成本与教育质量是对应的,要实现最佳的经济效益,民办幼儿园举办者需要平衡办学(成本)投入与办学收入之间的关系,但不能过度压缩办学成本,否则会降低教育质量(见图3-2)。基于等价交换的基本原理,如果教育质量容易被观察和评价,过低的办学成本投入造成过低的教育质量,得不到家长认可会导致办学收入相应减少、生存发展困难,因此会倒逼民办幼儿园举办者关注教育质量和必要的办学投入。但考虑到在教育服务的生产和供给过程中存在比较普遍的信息不对称,成本低、质量差的教育服

---

[①] 教育部财务司,国家统计局社会科技与文化产业统计司.中国教育统计年鉴2019[R].北京:中国统计出版社,2020:26+44.

务也有可能被以较高的服务价格提供给幼儿家长,会损害幼儿家长的利益。因此,民办幼儿园要实现健康发展并体现其社会效益,客观上要求对民办幼儿园办学质量严格把关,确保其按照等价交换的基本原则向家长提供有质量的教育服务,合理控制办学成本,优化管理效率,在公平的市场竞争中追求经济效益,进而为实现其社会效益提供必要基础。

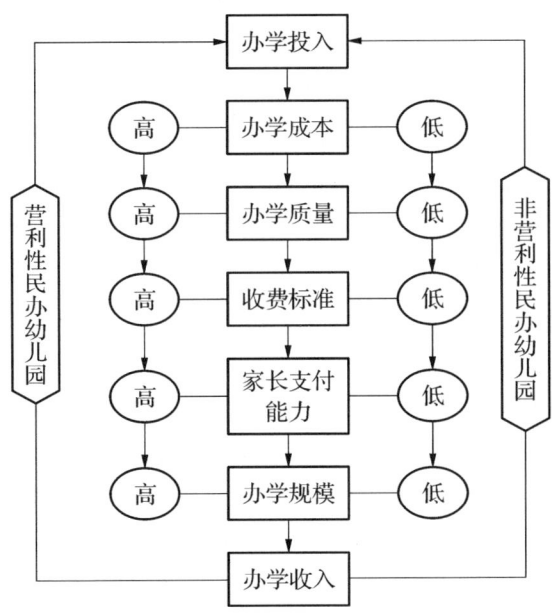

图 3-2 民办幼儿园办学投入与办学收入关系图

另一方面,民办幼儿园教育本质上是一种市场行为,举办者要平衡办学(成本)投入与办学收入之间的关系,需要根据自身办学基础以及市场需求变化,自主确定办学投入、教育质量、收费标准等。按照我国《教育法》《民办教育促进法》等相关法律的规定,民办幼儿园具有自主招生、自主经营管理等方面的办学自主权,但从相关配套政策文件看,民办幼儿园自主办学实际上受到一定限制,如营利性民办幼儿园与非营利性民办幼儿园在收费标准方面,前者遵循市场调节价,后者遵循政府指导价(即限价);非营利性民办幼儿园有权利优先低价甚至免费使用划拨的小区配套园等。这些规定显然会对民办幼儿园在平衡办学投入和办学成本时能否完全自主决策产生不同程度的影响。因此,要引导民办幼儿园自主扩大其社会效益,制定与民办幼儿园办学成本相关的政策时尤其要慎重,尽量避免额外增加其他的竞争成本,导致总的办学成本上升、收费标准提高,损害到民办幼儿园的经济效益和社会效益。

### (三)民办幼儿园实现其社会效益面临的主要挑战

从民办幼儿园实现其社会效益的条件来看,民办幼儿园要基于明确的教育服务质量标准进行自主办学,还面临不小的挑战。一方面是如何确保民办幼儿园举办者能持续地按照一定的标准保证必要的办学投入,在维持有质量的教育服务的基础上,还有不断增加投入、提升办学质量的动力。现有政策主要采取两种方式:一是要求民办幼儿园在总的办学成本支出方面,确保在教师队伍建设等方面保证一定比例的办学投入;二是通过会计师事务所或者教育部门专门组织人员对民办幼儿园办学成本支出情况进行财务审计。但这两种方式实际执行时也存在一些不足,比方如何确定一定比例的成本支出真正用在了教师队伍建设上和相关比例的确定是否恰当,财务审计能否充分考虑到各类办学成本要素在特定时期的变化等。

另一方面,如何真正落实民办幼儿园的办学自主权,保证其可以基于自身资源要素进行自主决策,按照教育规律和社会需要自主安排必要的成本支出。目前相关政策对民办幼儿园办学资源要素的控制不断趋紧。如在最为重要的办学用地方面,虽然在《民办教育促进法实施条例》中规定,地方人民政府可以依法以协议、招标、拍卖、长期租赁、先租后让、租让结合等方式向民办幼儿园供应土地,但在实际执行过程中,规划中的办学用地主要提供给非营利性民办幼儿园中的普惠性民办幼儿园使用,已建民办幼儿园如果占用规划中的办学用地尤其是小区配套园的,则必须转制为非营利性民办幼儿园,连带在收费标准、招生对象等方面还面临相应的要求。因此,民办幼儿园要基于真正平等的办学资源要素分配进行自主办学、公平竞争,客观上受到相关政策约束。

## 三、民办幼儿园的经济效益与社会效益互为条件

综合以上分析不难看出,在民办幼儿园分类管理的背景下,民办幼儿园的经济效益与社会效益之间是相互依存的关系。进一步讲,民办幼儿园实现其经济效益是实现其社会效益的基础,而实现社会效益又是维持经济效益的前提。但从目前民办幼儿园面临的整体发展环境看,在相关政策设计上对二

者关系的认识仍有待进一步深化和明确。

一方面,民办幼儿园追求经济效益离不开合理经济利益的驱动,不应将经济利益的追求与社会效益的实现相对立。目前民办幼儿园分类管理的基本依据是,举办者是否以营利为目的举办幼儿园,具体的评判标准是举办者是否对办学结余进行了分配,即举办者是否要从自身经济效益中获取经济利益。如果获取一定的经济利益是绝大多数举办者的基本办学诉求的话,要做到不损害举办者的办学积极性,就不能将"以营利为目的"等同于"获得合理回报"。早先政策对"合理回报"的规定是,"在扣除办学成本、预留发展基金以及按照国家有关规定提取其他的必须的费用后,出资人可以从办学结余中取得合理回报。"其缺陷是没能在具有更强公益性的非营利性民办学校以及低公益性的营利性民办学校之间进行区分,但要解决这一问题,应该是如何引导民办学校将更多的办学结余用于办学,并保留适当的经济利益回报,而不是只承认营利性民办学校获得合理回报的诉求。因此,目前的相关规定看似合法,但实际上,某种程度上将民办幼儿园追求经济效益的动机与其社会效益的实现相对立。

另一方面,民办幼儿园社会效益的实现,不仅表明其办学质量和办学规模能符合社会需求,而且也意味着其可以获得稳定的办学收入和经济效益用于自身发展,追求社会效益也就成为民办幼儿园获得竞争优势的客观要求,理应成为倒逼民办幼儿园优化办学成本投入、提高管理效能,进而形成良性办学循环的重要考量。但现实中,由于幼儿园办学质量评估与监管机制不完善,民办幼儿园围绕质量竞争的环境尚未完全形成,而现有政策设计则倾向于通过对民办幼儿园内部经营模式、资金使用情况、资源要素分配等进行严格管控来督促民办幼儿园注重办学的社会效益。这样的管理思路在执行效率、管控程序等方面,如果被过度依赖,可能会干扰民办幼儿园的自主办学和公平竞争,损害民办幼儿园办学积极性。因此,扩大民办幼儿园办学的社会效益,不应将民办幼儿园社会效益的实现与经济效益的追求相对立,或简单理解为民办幼儿园追求经济效益的"副产品",而应理解为民办幼儿园健康发展的必然追求,从强化民办幼儿园质量竞争和鼓励追求规模效益入手,优化相关政策设计。

## 第三节　民办幼儿园分类管理与分类治理的关系

在中共中央国务院发布的《中国教育现代化2035》中明确提出,要通过推进教育治理现代化来实现提高教育质量、促进教育公平、优化教育结构的目标。而民办幼儿园作为实现学前教育普及且有质量发展的重要力量,同样面临着提高教育质量、优化办学模式的要求。民办幼儿园分类管理制度的出台进一步从政府分工的角度,明确了民办幼儿园分类发展和管理的依据、目标、原则等,对发展权益与办学义务等方面相对模糊和宽泛的规定进行了明晰和细化。不过,从教育发展的一般规律讲,民办幼儿园教育要获得长足发展,体现民办幼儿园分类管理政策设计的初衷,还需要发挥自身的能动性,参与到有关自身发展的相关政策制定与执行中,体现多元共治的理念,为相关政策细则的配套与优化提供支持。这符合党中央提出的教育治理现代化的基本思路。从目前民办幼儿园分类管理实施的具体情况看,相关政策的设计与执行仍有诸多需要进一步完善的方面,如果仅仅是无限强调政府的管理责任,采用与公办幼儿园管理相同的方式处理民办幼儿园发展问题,因民办幼儿园自身办学主体、资金来源、办学动机、发展定位等存在相当大的差异性和特殊性,可能难以更好地激发民办幼儿园的办学活力。因此,以民办幼儿园发展问题为导向,厘清民办幼儿园分类管理与分类治理之间的关系,对于解决当前民办幼儿园发展过程中面临的具体问题具有重要意义。

### 一、民办幼儿园分类管理的重点及要求

#### (一) 民办幼儿园分类管理的重点

在管理学中,"管理"被理解为人际关系的协调[1]、团队协作环境的营造[2]、各类生产要素的协调和控制等。[3] 总的来看,管理是要统筹最核心的生产要素资源来实现组织目标,其基本思路是将相关生产要素按照预期目标和程序

---

[1] 小詹姆斯·唐纳利等.管理学基础[M].李柱流等译.北京:中国人民大学出版社,1982:23.
[2] 哈罗德·孔茨.管理学精要[M].韦福祥等译.北京:机械工业出版社,2005:3.
[3] 张燕.幼儿园管理[M].北京:人民教育出版社,2008:1.

进行统筹分配,追求高效率地执行管理者意志。当"教育治理"成为我国教育管理体制转型的基本目标后,人们倾向于着重讨论"教育管理"的不足,并认为原有的管理思路和理念已经无法适应教育发展的新情况、新问题,认为诸如择校、教育质量等问题的出现,可归咎于旧有的教育管理方式和理念。[①] 进一步讲,教育管理被认为侧重于权力操控和施政效率,视为实现组织目标的客体和工具。[②] 而现代教育的发展日益强调多元性和创造性,传统的教育管理方式试图以有限的理性和单一的决策方式来决定教育的多样化发展,必然会面临诸多困境。这样的教育管理困境在当前民办幼儿园分类管理过程中也多有体现。

就民办幼儿园分类管理而言,目前亟待解决的问题也十分复杂,但背后隐含的基本发展趋势和诉求与当前教育管理改革的基本趋势没有本质区别,只是在表现形式和内容上有所不同。从现有相关政策法规的具体内容看,民办幼儿园分类管理重点关注的是办学经费筹措、管理经营模式、分类扶持机制、财务监管制度等方面的内容,其所要解决的主要问题涉及三类:如何预防资本的逐利性对民办幼儿园教育公益性的消极影响,如何分类激励民办幼儿园举办者的办学积极性,如何确保民办幼儿园办学经费的规范使用。对于这三类问题,现有政策基于"管理"思维提出了相应的目标和要求。

### (二) 民办幼儿园分类管理的主要目标和要求

一是实现民办幼儿园教育资源整体向着公益性方向集中,是建立在对资本的直接控制基础之上。根据2018年发布的《中共中央国务院关于学前教育深化改革规范发展的若干意见》中的相关要求,目前的管理举措主要采取两种方式:一种是限制民办幼儿园的资金筹措方式和渠道,如规定"民办幼儿园一律不准单独或作为一部分资产打包上市。上市公司不得通过股票市场融资投资营利性幼儿园,不得通过发行股份或支付现金等方式购买营利性幼儿园资产。"另一种是限制民办幼儿园的经营管理模式,如规定"社会资本不得通过兼并收购、受托经营、加盟连锁、利用可变利益实体、协议控制等方式控制国有资产或集体资产举办的幼儿园、非营利性幼儿园。"

二是针对不同类型的民办幼儿园给予侧重点不同的激励和规制。针对

---

① 刘争先.国家建构视域下的教育失败与教育治理[J].四川师范大学学报(社会科学版),2017(2):63-69.

② 靳澜涛.教育治理与教育管理的关系辨正及其实践反思[J].教育学术月刊,2020(6):17-23.

非营利性民办幼儿园主要分担其办学成本，鼓励其提供普惠性学前教育服务，相关激励举措包括政府补贴、政府购买服务、基金奖励、捐资激励、土地划拨、税费减免等。除此之外，针对其中的普惠性民办幼儿园除了上述激励举措外，还有综合奖补、减免租金、派驻公办教师、培训教师、教研指导等方式。针对营利性民办幼儿园主要给予更多的办学自主权，同时在办学质量上提出要求，如允许收费实行市场调节价，享有一定税费优惠，允许通过参与并购、加盟、连锁经营等方式扩大办学规模等，但要求营利性民办幼儿园原则上要取得省级示范园资质。

三是虽然对营利性与非营利性民办幼儿园都要求遵循相同的财务运行制度，如规定"民办幼儿园应依法建立财务、会计和资产管理制度，按照国家有关规定设置会计账簿，收取的费用应主要用于幼儿保教活动、改善办园条件和保障教职工待遇，每年依规向当地教育、民政或市场监管部门提交经审计的财务报告。"但对于非营利性民办幼儿园尤其是享受政府财政支持的普惠性民办幼儿园，各地普遍要求由教育、发改、财政、市场监管部门等每年定期对财务情况进行专项检查，以核查幼儿园日常财务管理和经费使用是否规范。

### （三）民办幼儿园分类管理的基本特点和问题

总体来看，目前对民办幼儿园采取的分类管理政策体现出政府本位、管理至上、政策治教的特点。具体而言，首先，政府本位体现为对目前需要重点解决的民办幼儿园发展中的三类问题，主要强调政府部门行政权力的直接介入，如直接介入非营利性民办幼儿园的经营管理模式，并亲自执行对非营利性民办幼儿园的财务审计和检查等，但在一些需要深度介入的方面并没有更细的行政政策加以说明，如按照国家相关要求如何确保营利性民办幼儿园的办学用地，针对营利性民办幼儿园的税费优惠政策以何种标准执行等。其次，管理至上体现为对民办幼儿园的分类管理强调施政效率和权力操控，如将园舍产权作为决定民办幼儿园办学性质的基本标准，要求小区配套园只能举办成普惠性幼儿园或非营利性民办幼儿园，以此实现快速扩大普惠性学前教育资源的目的；对非营利性民办幼儿园的收费采取限价措施等。最后，政策治教体现为由具体部门牵头，依赖逐级行政命令来督促基层行政部门实际落实有关民办幼儿园发展的相关政策，任何一个部门的行政命令不具体、不明确，都会导致一项综合性政策难以有效落实，如仅仅是有关小区配套园治理政策的执行就牵涉到教育、发展改革、自然资源、住房城乡建设等多个部门。

从目前民办幼儿园分类管理的实际情况看,基于"管理"思维构建的相关政策在具体执行过程中仍存在不少的问题。一是行政权力越位和行政权力缺位的情况同时存在,降低了政府的实际管理效率。政府的教育管理权力一般主要发挥宏观调控功能①,不适合直接介入学校办学的具体过程,而目前对民办幼儿园实施分类管理却直接对其经营管理模式等提出具体要求,可能会损害民办幼儿园的办学自主权,同时在有关民办幼儿园发展扶持的具体标准、程序等方面,普遍缺乏明确的行政命令用于指导相关部门具体开展工作;二是过于强调行政管理效率而倾向于采取"一刀切"的管理方式,如小区配套园办学类型的划分问题,不区分新建园和老园,在相关补偿措施、激励机制未到位的情况下,强制要求民办幼儿园转制会使民办幼儿园短期内面临一定的发展困难;三是受行政部门条块管辖的管理方式和内部行政命令明确程度的影响,在需要多部门分工合作对民办幼儿园进行分类管理的领域,因行政命令的缺乏导致相关政策执行不彻底、不到位,如小区配套园治理目前在很多地区依然有遗留问题,不少非营利性民办普惠园仍需要承担很高的房屋租赁费用。

## 二、民办幼儿园分类治理的重点及要求

### (一)民办幼儿园分类治理的重点

学界一般认为,"治理"与"管理"并非完全对立,且其内涵也是逐渐形成和完善的。治理理念的提出主要是为了解决过度强调权威的、自上而下的、单一决策的管理方式日益无法满足社会多元发展需求的问题。按照治理理论提出者罗西瑙的说法,"治理"是一种并不依赖自上而下的权力统治,而是多元主体的共同治理与权力分享,是共同目标支持的管理活动。② 因此,治理的核心可以简单理解为分权、放权和多元共治。在党的十八届三中全会上通过的《中共中央关于全面深化改革若干重大问题的决定》中提出了社会治理的基本理念以后,教育界对"教育治理"进行了大量讨论。基于"治理"

---

① 王珊,苏君阳.走向现代教育治理的教育管理权力重构[J].现代教育管理,2015(5):27-31.
② 俞可平.治理与善治[M].北京:社会科学文献出版社,2000:2.

的内核,教育治理被认为是产生于教育共识之上,而其最终目标是形成职能边界清晰、多元主体"共治"的格局。① 而要形成多元主体共同管理教育事务的格局,就需要对原有的教育管理权力通过分权和集权两种方式调整优化共治主体的权责关系,解决多元参与不足的问题。② 概括起来,教育治理就是要注重解决多元主体参与不足的问题,而解决的关键还是需要从上至下赋权与分权。

就民办幼儿园分类管理而言,其中涉及需要多元主体参与、共治的领域主要是以传统的政府行政管理模式难以有效推动的领域,集中在民办幼儿园规范办学与质量监管两方面。这两方面有待解决的主要问题是如何确保民办幼儿园在筹办与日常运行过程中严格依法依规办学以及如何实现对民办幼儿园办学质量的过程性评价与监管。对这两类问题的解决,相关政策已经明确了主要方向和目标,基本思路就是按照教育治理理念来完善相关政策。

### (二) 民办幼儿园分类治理的主要目标和要求

虽然目前有关民办幼儿园分类管理的政策法规并没有明确指出哪些属于分类治理的内容,但从教育治理的内涵看,围绕目前民办幼儿园分类管理亟待解决的两大类问题,相关政策设计已经体现出了分类治理的思路,并包含着相应的治理目标和要求。具体而言:

一方面,以督导公示制度引导民众有序参与监督民办幼儿园规范办学。按照《中共中央国务院关于学前教育深化改革规范发展的若干意见》中的有关规定,在民办幼儿园监管职责分工、源头监管、过程监管、安全监管、依法监管等方面都给出了原则性要求,其中对于与民办幼儿园规范发展最主要的两方面,即财务管理以及办学质量监管,明确要求加强公示制度建设,并明确要求教育、民政、市场监管等部门要为家长基于信息公示进行投诉和反映问题积极提供反馈渠道。

另一方面,拓展多元主体过程性参与评估督导的渠道,强化多元参与的规范性和专业性。在《若干意见》中专门明确了参与监督民办幼儿园规范办学的主体,除了政府部门,还包括相关专业团体和人员以及幼儿家长,如要求民办幼儿园定期提交由会计师事务所负责审计和出具的幼儿园财务报告,利

---

① 任友群.实现教育治理现代化的必由之路[N].中国教育报,2016-06-10.
② 褚宏启.教育治理:以共治求善治[J].教育研究,2014(10):4-11.

用家长委员会参与幼儿园重大事项决策和日常管理,建立专业化质量评估队伍评估幼儿园保教质量以及由省级学前教育专家审核幼儿园课程等。

### (三)当前民办幼儿园分类治理的基本特点和问题

总体来看,在有关民办幼儿园发展的相关政策,如《中共中央国务院关于学前教育深化改革规范发展的若干意见》等政策中已经提出了比较具体的民办幼儿园治理思路,即尽可能多元共治引导各类利益相关者参与监管、督导民办幼儿园规范办学,并明确相关参与者的基本权利和作用,同时强调幼儿园质量评估标准、相关分工协调机制明确的重要性,已经体现出多元主体、权利本位、依法治教的教育治理的基本特征。具体而言:一是明确了参与监督评估的多元主体身份及职责内容,目前能够确定的多元主体身份除了政府相关部门外,还包括幼儿家长、会计师事务所、专业化的质量评估队伍以及学前教育专家等,其中幼儿家长主要的职责是监督民办幼儿园办学行为,参与幼儿园重大事项决策和日常管理;会计师事务所负责审计幼儿园财务;专业化的质量评估队伍负责评估幼儿园保教质量;学前教育专家负责审核幼儿园课程资源等。二是强调各类利益相关者的主要权利,主要包括民办幼儿园举办者、幼儿园教师、幼儿家长等,如非营利性民办普惠园可以在用地划拨、税费减免、综合奖补等方面获得支持,幼儿园教师有权参与幼儿园决策以及保障自身合法权益等。三是明确了多元主体参与治理的制度依据,如年检制度、办学基本信息备案与公示制度、幼儿家长的驻园制度、幼儿园责任督学挂牌督导制度,国家制定幼儿园保教质量评估指南,各省(自治区、直辖市)完善幼儿园质量评估标准,健全分级分类评估体系等。

可以看出,目前有关民办幼儿园治理的政策主要针对的是整个民办幼儿园,并未专门区分不同类型的民办幼儿园提出相应的治理策略。但从相关政策实际落实的情况看,民办幼儿园治理政策的推行存在的主要不足是,相关治理举措目前主要停留在指导、参考层面,缺乏相应的配套政策细则。具体而言:一是参与民办幼儿园治理的多元主体的职责如何落实和明确,牵涉到不同的政府部门如何赋权、放权的问题,表现为以相关部门为主导的一系列的配套政策细则的出台及执行,但目前这方面的政策推进十分缓慢,如按照中央相关政策文件的精神,构建专业化的质量评估队伍必然涉及第三方评估机构的建设问题,目前各地对此普遍缺乏相应的政策细则;二是引导各类利益相关者参与民办幼儿园治理的渠道依然不通畅,相关权利界定不清晰。如

《若干意见》中指出,要为幼儿家长参与民办幼儿园监督管理构建通畅的反馈渠道,具体包括哪些渠道、如何规范执行,目前各地并没有新的创新举措提出;三是多元主体参与治理所需要依托的相关制度,如公示制度、办学质量评估制度等,目前还在探索和验证阶段,远未达到可以有效支持民办幼儿园发展的地步。

## 三、民办幼儿园分类管理与分类治理的关系

从民办幼儿园分类管理与分类治理分别对应的政策目标和内容看,二者存在的问题恰恰反映出了各自在民办幼儿园事业发展中的有限作用,二者只有实现充分互补,民办幼儿园教育才能最大程度上得到充分发展。

一方面,民办幼儿园分类管理规定着民办幼儿园分类治理实现的规则和条件。在现有制度框架下,民办幼儿园分类发展的目标已经十分明确,但要通过行政管理手段实现相关目标,必须注意政府教育行政权力行使的范围和边界。政府教育行政权力的基本功能是统筹、规划、配置,在社会教育资源的整体动员、组合、调配等方面有着其独有的优势和作用,但对于民办幼儿园管理与教学实践中的具体问题,能发挥的作用比较有限。按照目前教育行政权力改革的两个基本方向,即横向上加大各级教育行政机关统筹教育发展的权限,使事权、财权、人事权力相对集中于教育行政机关;在纵向上加大放权和分权力度,从中央教育行政部门逐级向下放权,最后向学校、社会和市场分权,让基层的利益相关者充分发挥自主性。① 对照当前民办幼儿园分类管理要实现的目标及所面临的困境不难得出,民办幼儿园分类管理应更多的是为基层利益相关者如幼儿家长、民办幼儿园举办者等独立做出理性决策提供条件和规则,进一步讲就是要纵向上通过管理放权、分权,为多元共治格局的形成提供明确的行动规则,从而使民办幼儿园分类管理工作为民办幼儿园的分类治理提供保障。

另一方面,民办幼儿园分类治理是民办幼儿园分类管理目标实现的具体落实。民办幼儿园分类管理通过教育行政权力的放权、分权、赋权,引导基层各利益相关者参与多元共治,能逐步培养各利益相关者理性决策、自觉参与

---

① 褚宏启.教育行政权力的优化配置:合理扩张与严格制约[J].北京大学教育评论,2013(3):160-170.

的能力和意识，弥补依靠自上而下、政府单一行政权力的直接介入的不足。而在推动分类治理的过程中，包括民办幼儿园举办者在内的利益相关者在公平获得各种教育资源要素的基础上，围绕等价交换的基本原则，不断强化公平竞争的民办幼儿园发展环境，在实践中进行广泛的自觉探索的同时，也为民办幼儿园分类管理制度的顶层设计和完善提供了及时的信息反馈，有助于推动民办幼儿园分类管理过程中相关教育行政权力职能的更好履行，最终促进民办幼儿园分类发展目标的充分实现。

# 第四章
# 民办幼儿园分类管理与支持制度建设的主要逻辑

民办幼儿园分类管理政策目标的实现涉及不同的利益相关者,是建立在利益相关者基本统一的行动逻辑以及各方利益平衡的基础之上的。但现实中,任何社会管理目标的实现都会面临各方利益诉求存在差异甚至彼此冲突的状况,而民办幼儿园分类管理也面临相同的问题。从我国民办幼儿园的发展历程看,曾经在相当长一段时间里,民办幼儿园只被允许登记为非企业法人,基本上被等同于国有企事业单位办园来管理,但在发展权益上却无法享受公共财政的支持。在这种情况下,民办幼儿园依然逐渐形成了自己的办学模式和发展逻辑。到了 21 世纪初,随着民众对学前教育需求的日益旺盛以及整个社会经济发展水平的提高,民办幼儿园在学前教育普及中发挥的作用越来越大,而与此同时一些累积的历史问题也越来越突出,亟须根据国家对学前教育整体发展战略目标的定位,完成转型发展并更好地体现自身的公益性。在这一背景下,民众的教育需求和教育选择、民办幼儿园自身发展状况及办学决策以及国家宏观教育政策等实际上都内含着不同利益相关者相应的价值取向和行动逻辑。各方价值判断与行动出发点的不同,使得民办幼儿园要实现进一步的发展,可能面临着相应的发展矛盾或冲突。从平衡各方利益冲突、形成教育发展合力、推动民办幼儿园教育整体发展的意义上讲,有必要对民办幼儿园分类管理实践所涉及的各种逻辑体系进行分析和梳理,以此为相关政策的完善提供重要参考。

# 第一节 民办幼儿园分类管理与支持制度建设的制度逻辑

目前我国各级政府针对民办幼儿园分类管理与发展已经出台了一系列的政策,但从目前相关新闻报道、调研报告所反馈的信息来看,相关政策在具体执行时,有的取得了很好的效果,有的则在一些关键问题上未能有更多的进展。比如对非营利性民办普惠园的认定和扶持问题、民办幼儿园办学质量监管问题等,这些问题正日益成为制约民办幼儿园健康发展的主要障碍。考虑到民办幼儿园分类管理涉及诸多利益相关者以及复杂的利益关系,要理解民办幼儿园分类管理制度实施面临的问题,就必须厘清民办幼儿园分类管理制度背后所涉及的各种制度逻辑,包括在相应的制度框架下,不同利益相关者基于自身价值判断而构建的内在制度逻辑和所必须遵守的外部制度逻辑。推动民办幼儿园分类管理制度的落实,本质上就是要尽可能消除利益相关者之间的价值冲突与利益冲突,并实现各种内在制度逻辑与外在制度逻辑的统一。

## 一、制度逻辑:民办幼儿园分类管理制度推进的基本逻辑

对民办幼儿园进行分类管理实际上会涉及两类制度,即内在制度与外在制度。由于制度可以被简单理解为一种行动规则。按照制度经济学的经典解释,内在制度即群体随经验而演化的规则;外在制度即外在地设计出来并靠政治行动由上至下强加于社会的规则。[①] 相对应的,我国民办幼儿园在长期发展过程中也形成了一套业内默认并遵循的内在制度,而对民办幼儿园进行分类管理所提出的相关制度性要求,则属于规制和约束民办幼儿园办学行为的外在制度。从内在制度和外在制度的形成过程来看,两种制度的形成逻辑和内含价值取向并不相同,这使得民办幼儿园分类管理必然会面临相应的制度逻辑冲突。从这点出发,虽然对民办幼儿园实施分类管理的主要目标是满足我国民众对普惠优质学前教育的需求,但要实现这一目标无法避免不同

---

① 柯武刚,史漫飞.制度经济学[M].北京:商务印书馆,2008:119.

的利益相关者因利益诉求的差异而遵循的制度逻辑不同,导致彼此之间存在价值冲突。因此,民办幼儿园分类管理制度的落实,是要基于各方利益诉求,把握各方行动逻辑,实现对相关利益冲突乃至价值冲突的协调,即体现制度的"增进秩序功能"。①

鉴于制度对个体或组织行为产生影响的过程十分复杂,学界对此有着不同认识。如理性选择制度主义认为,追求效用最大化是个体行动的基本动机,如果个体的行动目标借助制度能得到最大程度的实现,个体的行动就会受到制度的塑造。②但历史制度主义认为,个体行动并不是出于个体效用最大化而进行理性选择的结果,制度本身也形塑着个体对自身目标的价值判断和行动策略。③而社会学制度主义认为,文化是人类制度化行为背后最为重要的驱动性力量,个体选择如何行动是因为文化赋予了行动意义和合法性。④不过无论是哪个流派,目前都倾向于认为,社会中的不同个体和组织,拥有不同的世界观、价值观、交往模式,由此会延伸出不同的行为逻辑和多重制度。中观层次的组织、微观层次的个体会受到多重制度所产生的多元逻辑的限制和使能,也常常能利用这些相互矛盾的逻辑来实现自身价值。⑤由此不难得出,对民办幼儿园实施分类管理所涉及的利益相关者之间的价值冲突,也意味着多元价值以及由此延伸出的多元制度和多元行为逻辑的冲突。民办幼儿园分类管理制度的有效推进,需要设法对相关利益者价值观产生有效影响。按照制度逻辑的说法,即要通过塑造行为主体认知和行为的文化信念及规则来影响个体或组织的行为。⑥通过推动不同层面的制度逻辑,最大限度地对个体或组织的价值观和实践行为产生一致影响,以此来实现民办幼儿园分类管理的最终目标。

当然,推动民办幼儿园分类管理过程中不同层面的制度逻辑趋于一致,

---

① 柯武刚,史漫飞.制度经济学[M].北京:商务印书馆,2008:33.
② [美]盖伊·彼得斯.理性选择理论与制度理论[A].何俊志,任军锋,朱德米译.新制度主义政治学译文精选[C].天津:天津人民出版社,2007:76.
③ [美]凯瑟琳·西伦,斯温斯·坦斯.比较政治学中的历史制度主义[A].何俊志,任军锋,朱德米译.新制度主义政治学译文精选[C].天津:天津人民出版社,2007:153.
④ 马雪松,周云逸.社会学制度主义的发生路径、内在逻辑及意义评析[J].南京师范大学学报(社会科学版),2011(3):61-65.
⑤ [美]W·理查德·斯科特.制度与组织(第三版)[M].姚伟,王黎芳译.北京:中国人民大学出版社,2010:195.
⑥ Thornton P H. Markets from Culture: Institutional Logics and Organizational Decisions in Higher Education Publishing[M].Stanford, CA: Stanford University Press,2004.

是一个十分复杂且相互作用的过程。因为不同制度逻辑之间是一种"嵌入式能动关系",即当个体和组织寻求权力、身份和经济利益时,他们的利益、能动手段和结果同时受到主导制度逻辑的使能和约束。① 对于民办幼儿园分类管理而言,这意味着即使存在不同制度逻辑的互动与影响,也必然存在一种主导制度逻辑会对其他制度逻辑产生主导性影响。因此,要想更好地理解民办幼儿园分类管理制度实施面临的问题和挑战,就需要厘清和分析不同层级的制度逻辑以及彼此的互动关系,以此来探索能有效协调多种制度逻辑冲突的有效方法。

## 二、民办幼儿园分类管理中的制度逻辑类型

民办幼儿园分类管理主要涉及三类利益相关者,即政府、民办幼儿园举办者、幼儿家长,他们各自既拥有不同的价值信念和行动模式,也遵循着不同的制度逻辑,借用学界比较普遍的说法,本文将其概括为国家/政治逻辑、商业/市场逻辑、社群/公益逻辑三种逻辑。

### (一) 国家/政治逻辑

2018年9月,习近平总书记在全国教育大会重要讲话中强调,加快推进教育现代化、建设教育强国、办好人民满意的教育,必须坚持社会主义办学方向。② 这一论断指出了新时期我国教育发展的基本方向,也可以看作是各级政府制定和实施相关教育政策要遵循的基本方向。办人民满意的教育,突出的是教育质量和教育公平;坚持社会主义办学方向,强调的是立足国情,遵循教育规律。对应着我国学前教育发展目标,即2018年11月中共中央国务院发布的《关于学前教育深化改革规范发展的若干意见》中所提出的:"推进学前教育普及普惠安全优质发展。"具体到民办幼儿园分类管理中,各级地方政府就应围绕我国教育发展的这一国家/政治逻辑,在教育资源配置、民办幼儿园发展定位、政府分工职责等各个方面遵循相关逻辑来部署各项工作。这无疑也是我国民办幼儿园教育发展所因遵循的主导逻辑。

---

① Thornton P H and Ocasio W. Institution Logic[A]. Green-wood C, et al. (Eds.). The Sage handbook of organizational institutionalism[C]. London Sage,2008:99-129..

② 张烁.坚持中国特色社会主义教育发展道路 培养德智体美劳全面发展的社会主义建设者和接班人[N].人民日报,2018-9-11.

## (二) 商业/市场逻辑

民办幼儿园发展所遵循的市场逻辑,与改革开放以来我国各项经济事业发展所遵循的市场逻辑基本一致,即各种非政府的社会力量或市场主体作为民办幼儿园举办者,是市场逻辑的主要代表,他们主要关注办学效率和效益,强调通过提供多种形式、多种功能的学前教育服务,满足不同幼儿家长的教育需求。2016年之后,新修订的《民办教育促进法》及《民办教育促进法实施条例》正式颁布,民办幼儿园可以自愿选择以营利或非营利为办学目的,但选择不同的办学方向则意味着要承担不同的责任和义务。营利性民办幼儿园可以合法地以实现其经济利益为主要目的,在办学支出与办学收入之间实现利益最大化;非营利性民办幼儿园虽然也追求经济效益,但办学结余不能用于分配而只能用于办学,经济效益高则意味着可用于办学的资金会更多。因此理论上讲,营利性或非营利性民办幼儿园都有遵循市场规律、提高办学效益的动机。而从各自发展的市场环境来看,由于在管理经营模式、办学收入结构等方面受到不同的管理约束,民办幼儿园分类发展实际上反映的是在受政府不同程度控制的市场环境中,基于基本的市场逻辑展开竞争来实现自身发展利益。

## (三) 社群/公益逻辑

幼儿家长是社群/公益逻辑的主要代表,主要关注自身受教育权能否得到保障,相应的教育需求能否得到充分满足。民办幼儿园作为一种教育机构,其所提供的教育服务虽然客观上会为举办者带来一定的经济利益,但因其服务的主要对象是广大家长及幼儿,其教育结果具有外溢性,符合公共产品的若干特征,因此也带有一定的公益性。在当前优质学前教育资源仍相对紧缺的情况下,民众对普惠、优质的学前教育资源的需求仍是主流,而政府对民办幼儿园进行分类管理的目的,也是基于对民众现实需求的考虑,旨在发挥民办幼儿园在我国学前事业发展中的重要补充作用,不断强化民办幼儿园公益性,以便其更好地满足民众的教育需求。因此,幼儿家长作为社群/公益逻辑的主要代表,其与政府所代表的政治/国家逻辑具有内在的一致性。考虑到幼儿家长对学前教育的具体期待必然存在一定的个别差异,特定区域文化背景下的幼儿家长群体可能对政府所倡导提供的普惠优质的学前教育服务有着不一样的认识,因此在社群/公益逻辑与政治/国家逻辑之间也会存在一定的冲突。

总之,以各级政府为代表的国家/政治逻辑,实际上反映着幼儿家长所代表的社群/公益逻辑,但从学前教育发展的现实基础看,对民办幼儿园的分类管理与支持,需要考虑尽可能保护和激励民办幼儿园举办者的积极性,尊重民办幼儿园发展所遵循的商业/市场逻辑,在尽量满足幼儿家长教育需求的同时,还能促进整个民办幼儿园教育持续、健康、有效地发展,引导民办幼儿园选择适合自身的分类发展方式,实现自身发展利益。因此,国家/政治逻辑实际上更符合学前教育事业发展的整体利益,而其所面临的政策执行挑战则是如何平衡其与其他两类逻辑之间的矛盾。

## 三、三类制度逻辑冲突的现实表征

### (一)政治逻辑与市场逻辑的冲突

目前我国各级政府基于推动学前教育的普及、普惠、安全、优质发展的制度逻辑,分别对不同类型民办幼儿园的办学资质、经营管理、收费标准、办学质量、收益分配等提出了相应的政策要求,而这些要求又直接关系着民办幼儿园自身的生存发展及核心利益。总体来看,政府部门在遵循相应的政治逻辑对民办幼儿园实施分类管理时,相关要求与民办幼儿园为实现自身发展而遵循的市场逻辑之间客观上存在一定的矛盾冲突。具体表现为以下三方面:

第一,通过对营利性和非营利性民办幼儿园分别给予不同的教育资源和政策资源支持,直接影响民办幼儿园的办学成本以及市场准入门槛,最终达到鼓励普惠性民办幼儿园发展的目的,是当前各级政府采取的主要策略。如在获取土地资源、公共财政资金扶持等方面,非营利性民办幼儿园尤其是非营利性民办普惠园要远比营利性民办幼儿园更有优势。营利性民办幼儿园的办学优势则是在收费标准、办学结余分配等方面拥有更高的自主权,受到办学收益的激励性作用更强。但无论如何,追求办学效益并从中获得相应的办学收益,不仅是我国民办幼儿园经过长期发展所形成的一项重要内在制度逻辑的体现,也是目前遵循的市场逻辑的主要体现,只是不同类型民办幼儿园对办学收益的期待程度有差异。如果政府对民办幼儿园实施分类管理,导致非营利性民办幼儿园合理办学收益受损,就很难激发非营利性民办幼儿园的办学积极性,民办幼儿园分类管理所遵循的政治逻辑与民办幼儿园发展所遵循的市场逻辑必然会产生一定冲突。对此,有研究者经过调查后也指出,民办幼儿园举办者作为相对理性的经济人,在选择营利或非营利的办学属性时,如果政府提供的配套激励措施不明确或不到位,有相当一部分举办者会选择举办成营利性幼儿园。①

第二,鉴于幼儿园办学成本与办学质量成正相关,政府部门会倾向于通过严格对民办幼儿园办学投入进行过程性监管,来确保民办幼儿园办学质量能满足幼儿家长的多元教育需求。在这一过程中,政府与民办幼儿园举办者之间的制度逻辑冲突主要表现为:政府希望通过对民办幼儿园实际办学投入和经费分配进行监管,来保证幼儿园的办学质量,努力限制幼儿园的过度逐利行为。但这对于营利性民办幼儿园而言,会倾向于采取隐瞒实际办学投入、夸大办学成本和质量等方式来实现自身营利目的;对于非营利性民办幼儿园而言,在办学经费不足的情况下,也会倾向于隐瞒通过违规招生等方式扩大办学收入或者降低办学质量以压低办学成本的信息。对此,政府如果做不到对民办幼儿园办学质量信息的及时掌握,就会出现"高准入、低监管"的情况。②

第三,民办幼儿园基于市场逻辑来实现自身办学效益和办学目标,需要一个公平的市场竞争环境,而政府则可以凭借自身所掌握的社会资源和行政权力,影响民办幼儿园发展的市场环境。这其中存在的主要制度逻辑冲突表现为,政府为尽快实现扩大普惠性学前教育资源的目的而采用的相关策略,如对民办幼儿园收费进行限价、新建普惠性公办幼儿园、减少向民办幼儿园供应土地资源等,如果对普惠性民办幼儿园的财政补贴不到位、未充分考虑地方民办幼儿园发展基础等,就会妨碍民办幼儿园教育市场的公平竞争,可能造成"国进民退"的情况。如近些年一些地区就出现了在本地民办幼儿园发展基础良好的情况下,地方政府未考虑本地整体学前教育发展水平、教师队伍建设周期等问题,盲目新建、扩建公办幼儿园,甚至通过行政权力将进入公办幼儿园与升入公办小学挂钩,造成了对民办幼儿园发展空间的挤压。③ 这种单纯服务于短期扩大普惠性民办幼儿园教育资源的管理方式,不仅会打击民办幼儿园举办者的办学积极性,而且会因重复建设造成稀缺教育资源的浪费。

---

① 胡晨曦,魏聪,胡辰方,王海英.分类管理背景下民办幼儿园办园意向研究——基于对全国11个省2687位民办幼儿园举办者的实证调查[J].教育发展研究,2018(8):28-37.
② 孟庆伟.幼儿园"死结"谁解[J].中国经营报,2018-01-22.
③ 朱丽亚.公办幼儿园再度兴起,民办幼儿园路在何方[N].中国青年报,2012-10-08.

### (二) 政治逻辑与公益逻辑的冲突

学前教育事业早已被我国政府定位为公共事业发展的重要组成部分,但政府在对民办幼儿园实施分类管理,以推动其整体向着普惠优质的目标发展的过程中,相关政策的执行方式和执行目标定位所遵循的政治逻辑与民众期望能享受到多元、优质的学前教育服务所遵循的公益逻辑之间会存在一定的不一致,具体表现在以下两方面:

一方面,地方政府利用公共财政分担民办幼儿园办学成本以及限定民办幼儿园保教费标准的方式来扩大普惠性民办幼儿园资源,但民办幼儿园的实际普惠程度与幼儿家长的实际期望却存在一定差异。目前各地在确定普惠性民办幼儿园收费标准时主要采取公办幼儿园收费标准和参考公办幼儿园收费标准两种方式,但最终选择哪种方式,各地存在很大差异。以北京市和上海市为例,2020 年两市 GDP 分别为 3.61 万亿和 3.87 万亿,城镇居民人均可支配收入则分别为 69 434 元和 76 437 元,公办幼儿园保教费标准分别不高于 900 元/月和 700 元/月,但北京市采用公办幼儿园收费标准来规定普惠性民办幼儿园保教费标准不能高于 900 元/月,而上海市则规定不能高于 3 000 元/月;处于中部地区的太原市,2020 年地方 GDP 为 4.15 千亿,城镇居民人均可支配收入仅为 27 886 元,但规定的普惠性民办幼儿园保教费标准为不高于 1 500 元/月。地方政府在确定普惠性民办幼儿园收费标准时,综合考虑了政府财力、民办幼儿园办学成本、幼儿家庭经济收入等多种因素,但现实情况是各地不仅实际分担普惠性民办幼儿园办学成本的力度有很大不同,而且对其保教费限价的标准也有很大差异。考虑到目前公办幼儿园教育质量整体优于民办幼儿园,幼儿家长如果参照公办幼儿园保教费标准和教育服务水平来选择普惠性民办幼儿园,上述太原、上海等地的幼儿家长可能会得出家庭教育支出负担过重的结论。

另一方面,政府对民办幼儿园实施分类管理和分类支持,旨在引导民办幼儿园满足民众对多元、优质学前教育服务的需求,但相关政策在实际落实过程中却有可能会对上述目标的实现产生不利影响。一是政府利用土地等公共资源分配和准入审批来影响民办幼儿园的办学成本与办学质量,可能会造成民办幼儿园办学质量倾向于两极化:按照相关规定,营利性民办幼儿园不仅无法在用地成本、税费、生均成本等方面得到政府支持,而且还被要求具备省级示范园资质,必然只能举办成为高收费、高质量、受众群体小的幼儿园;而非营利性民办非普惠园虽然按相关规定能享受国家在税费减免、财政奖补等方面的扶持政策,但如果在获得划拨用地等方面无法得到公平对待和重视,也只能举办成高收费、高质量、受众群体小的幼儿园;而非营利性民办普惠园虽然能够享受政府在财政补贴、土地划拨、税费减免等方面的所有政策扶持,但在保教费限价的情况下,如果政府财政补贴力度不足、不及时,可能会导致普惠性民办幼儿园面临办学经费不足、办学质量提升空间有限、办学质量总体趋于平庸的困境。最终,虽然民众能够享受到比较充分的普惠性学前教育资源,但要享受到办学质量能不断稳定提升的优质学前教育服务,可能依然需要支付较高的费用,这就与民办幼儿园分类管理的初衷相背离。

### (三) 市场逻辑与公益逻辑的冲突

幼儿家长和民办幼儿园举办者作为理性人,在幼教市场中分别扮演着"买方"和"卖方"的角色,不同民办幼儿园为了实现自身办学效益而采取特定的办学行为和提供相应的教育服务,所遵循的市场逻辑会与幼儿家长倾向于获得物美价廉的教育服务而遵循的公益逻辑之间有时会产生一定的矛盾冲突。

具体而言,由于教育服务属于"体验品",比较难通过外部信息来判断其质量,因此在民办幼儿园与幼儿家长之间存在着比较普遍的信息不对称。民办幼儿园举办者如果过度追求办学效益,就可能会倾向于向家长隐瞒反映办学成本和质量的关键信息。这会出现两种情况:一是如果幼儿家长一味追求"物美价廉"的学前教育服务,但由于信息不对称,因而只对"价廉"敏感,那么民办幼儿园举办者则倾向于提供"价廉质低"甚至"价廉质劣"的教育服务;二是如果幼儿家长拥有较好的教育支付能力,但又缺乏足够的理性去判断优质的教育服务,民办幼儿园则也有可能会选择提供价高质低的教育服务。无论出现上述哪种情况,都势必会直接侵犯民众的教育权益。如 2014 年西安、吉林、宜昌、银川等地部分幼儿园在未通知家长的情况下,为了增加儿童的出勤率以便确保幼儿园有稳定收入,长期给幼儿喂板蓝根或病毒灵等药品,导致很恶劣的社会影响[①];而上海、北京、天津等地陆续被曝出的各种幼儿园虐童事件背后的深层原因,反映的也是资本的逐利性与教育事业本身的公益性之

---

① 胡卫."药儿园"事件再审视[N].联合时报,2014-04-04.

间的冲突。[①]在民办幼儿园分类管理背景下,虽然政府对营利性和非营利性民办幼儿园的办学资质、办学水平等均提出了相应要求,并对民办幼儿园的逐利性进行了严格的约束,但客观上受限于当前民办幼儿园与幼儿家长之间依然存在着比较普遍的信息不对称,无法在短时间内彻底消除,因此双方的矛盾冲突在一定时期内仍将继续存在。

## 四、化解民办幼儿园分类管理中制度逻辑冲突的基本思路

### (一)围绕教育质量竞争,平衡对民办幼儿园的分类管理与支持力度

教育质量作为民办幼儿园分类管理的核心目标之一,在具体落实相关政策时,必须充分考虑民办幼儿园实现既定办学水平的必备条件,要重视合理收益对办学者的激励作用、外在监管制度对办学行为的规范作用以及公共资源统筹的竞争激励作用。具体而言:

一是限定民办幼儿园收益不能影响办学质量。通过分类管理来抑制民办幼儿园过度逐利可能导致的办学公益性受损,不等同于不允许民办幼儿园盈利,获得合理收益不仅是一种重要的办学激励,也是维系民办幼儿园不断提高办学质量的关键,这对于营利性和非营利性民办幼儿园的意义都毋庸置疑,因此在民办幼儿园办学收益分配问题上,仍需在政策层面上予以明确并给予具体的指引。

二是日常监管应重在办学成效评估。从管理学的角度讲,民办幼儿园在日常经营管理方面拥有足够的自主性,是有效应对复杂办学环境的必然要求,因此对民办幼儿园日常办学行为的监管应重在对其实际办学成效或办学结果进行评估。办学过程监管则应关注常规事务(如财务、人事)操作程序是否规范,以此在预防违规办学的同时,通过质量监管实现倒逼民办幼儿园自觉规范自身办学行为。

三是公共资源分配要强化民办幼儿园之间的公平竞争。利用市场竞争机制来推动民办幼儿园教育健康发展、在学前教育普及普惠中发挥更大的作用,关键是要有数量充足且办学类型多元的民办幼儿园,因此在公共资源配

---

[①] 魏婕,李媛.威创股份旗下幼儿园虐童事件频发 教育与资本如何共舞[N].中国经营报,2018-11-05.

置方面,应为民办幼儿园公平获得必要的办学资源(如土地等)提供支持,尽量避免通过控制关键办学资源来推动类型单一的民办幼儿园发展,或者通过对公共资源的不公平配置(如向公办幼儿园免费划拨办学用地但却向普惠性民办幼儿园收取土地使用费用等),让公办幼儿园与民办幼儿园或者民办幼儿园之间产生不平等竞争。

## (二)基于办学成本核算,确定家长合理负担与多元选择的关系

政府通过公共财政合理分担民办幼儿园办学成本来扩大普惠性学前教育资源,在确定分担比例、限定民办幼儿园收费时,至少要平衡以下两种关系:

一是要平衡地方政府财政分担能力与幼儿家长支付能力之间的关系。理想状况下,合理的成本分担不仅要能维持民办幼儿园必要的成本支出,并为幼儿园不断提升自身办学水平留下一定的空间,而且分担的办学经费要切实能降低幼儿家长教育负担。但考虑到幼儿家长对高质量学前教育服务的需求是不断增长的,而办学质量又与办学成本成正比,政府公共财力的有限以及地方经济发展水平之间的巨大差异,决定了政府分担只能首先支持民办幼儿园向普通家长提供有质量、可负担的教育服务,然后再随着经济的发展和政府财力的提升逐步提高分担比例。对于部分地方政府分担普惠性民办幼儿园办学成本比例偏低,幼儿家长教育负担依然较重的情况,应基于对民办幼儿园办学成本的科学核算,进一步落实国家有关税费减免、土地划拨、派驻公办教师等政策要求,除了直接的财政经费支持外,尽可能从多个方面降低民办幼儿园办学成本。

二是要平衡民办幼儿园保教收费限价和促进民办幼儿园多元发展之间的关系。从民办幼儿园自身发展的角度讲,稳定的办学收入与提供能满足幼儿家长需求的教育服务是相辅相成的。在民办幼儿园分类管理背景下,相比于营利性民办幼儿园,非营利性民办幼儿园尤其是非营利性民办普惠园作为我国学前教育普及普惠目标实现的主力军,受保教收费限价政策的影响最为明显。理论上,保教收费限价政策造成普惠性民办幼儿园办学收入减少的数量,应与政府提供的财政补贴相同或稍低,以此确保普惠性民办幼儿园办学质量不降低以及为其后续多元发展提供足够的支持。但考虑到普惠性民办幼儿园原有办学质量、管理水平有不同差异,政府财政分担比例与保教收费限价标准的确定,需要建立在对区域内有质量的普惠性学前教育服务成本的科学评估基础之上。

### (三) 帮助家长理性择园，倒逼民办幼儿园优化管理效率与办学水平

在民办幼儿园分类管理制度推行的背景下，无论是营利性民办幼儿园还是非营利性民办幼儿园，都面临着由幼儿家长择园带来的竞争压力，区别只是家长群体不一样。但民办幼儿园面临的竞争压力重点围绕幼儿家长的哪类需求产生，则直接关系着民办幼儿园的整体发展水平。由于目前在民办幼儿园发展过程中依然存在着比较广泛的办学信息不对称，由此所产生的竞争压力并非完全围绕幼儿家长对教育质量的需求而展开，这是造成民办幼儿园在追求自身办学收益时所遵循的市场逻辑，与幼儿家长选择教育服务时所遵循的公益逻辑之间存在矛盾冲突的根源。因此，化解这一矛盾冲突的根本，是尽可能减少民办幼儿园与幼儿家长之间的信息不对称，支持幼儿家长围绕办学质量理性择园。目前在各类学前教育发展政策中都在不断强调要加强对包括民办幼儿园在内的幼儿园教育质量的评估与督导。除此之外，还应重视幼儿园办学质量评估与督导信息的及时披露，以此支持幼儿家长基于披露信息做出理性的择园判断。而这对于民办幼儿园而言，相关的信息披露要求和评估督导标准则意味着未来的办学重点和办学方向。长此以往，幼儿家长对民办幼儿园办学质量的清晰界定和理性诉求，会倒逼民办幼儿园不断改善自身管理与办学水平，最终有利于实现双方利益的统一。

## 第二节 民办幼儿园分类管理与支持制度建设的市场逻辑

从目前民办幼儿园分类管理制度推进的实际情况来看，虽然各地都确定了最后的民办幼儿园分类登记时限，但受到相关政策细则不明确的影响，无论是政府管理部门还是民办幼儿园举办者，对民办幼儿园分类管理的具体推进都持谨慎的态度。[1] 对此不少研究指出，当务之急是还需在相关政策设计与实施过程中，重视保护民办幼儿园举办者合法办学利益和办学积极性。[2]

---

[1] 胡晨曦,魏聪,胡辰方,王海英.分类管理背景下民办幼儿园办园意向研究——基于对全国11个省2687位民办幼儿园举办者的实证调查[J].教育发展研究,2018(8):28-37.

[2] 吕武,刘益东.推进民办幼儿园分类管理的现实困境与政策应对[J].中国教育学刊,2017(3):19-23.

可以看出,学界在探讨民办幼儿园分类管理制度的推进时,主要还是关注民办幼儿园举办者权益能否得到合理维护,以此来确保民办幼儿园分类管理政策目标的真正实现。考虑到民办幼儿园发展涉及各种社会资源的配置,其中牵涉到各种权益的平衡,本质上仍是教育资源均衡配置的结果。而十四大以来,我国中央政府就提出要让市场在资源配置中更好地发挥决定性作用。民办幼儿园分类管理亟须从市场资源配置的角度出发,探索如何基于市场规律,遵循合理的市场逻辑,为相关教育资源的有效配置提供条件。

## 一、民办幼儿园发展的市场逻辑内涵及条件

在社会主义市场经济体制下,民办幼儿园发展涉及的教育资源配置所遵循的市场逻辑,与其他类型的市场活动所遵循的市场逻辑并没有本质区别。无论是古典自由主义经济学还是新自由主义经济学都普遍认为,市场经济就是市场主体之间围绕自身权利的自由平等交换和竞争,这是社会资源有效配置、经济增长的基本要求。民办幼儿园教育事业的有序发展可以简单被看作是民办幼儿园与幼儿家长围绕各自权益进行自由平等交换的结果。参考学界对市场逻辑的论述,如果市场逻辑被认为是个体之间权利的自由平等交换,①那么这就表明市场逻辑的实现至少需要满足以下条件:个体的独立性、权利的自由交易以及个体自由权利的制度化。②

### (一) 个体的独立性

所谓个体的独立性,主要指市场交易活动双方能够独立、理性地做出是否应该交易的判断,这是市场交易能够公平进行的前提。而个体能够独立自主地做出判断,则至少需具备经济独立和理性决策独立两个条件:前者可简单理解为个体具有一定以经济实力为基础的购买力,后者指个体具有独立做出理性判断和选择的能力。这两个条件对于作为"卖方"的民办幼儿园与作为"买方"的幼儿家长而言,又体现为不同的要求。

1. 经济独立方面

就民办幼儿园而言,民办幼儿园能否基于自身经济实力做出独立的办学

---

① 张曙光.个人权利和国家权利[C].刘军宁.市场逻辑与国家观念.北京:生活·读书·新知三联书店,1995:2.
② 何美然.市场逻辑的内涵与基本特点[J].人民论坛,2010(12):74-75.

决策,主要依据的是自身产权结构。产权属于能否消费相关资产,从这些资产中取得收入和让渡这些资产的权利或权力。① 因此,拥有不同产权结构的民办幼儿园能利用自身资产获取利益的实际权力和利益诉求会有所不同,并最终会反映在其办学方向、发展动机和经营决策上。目前国内绝大多数民办幼儿园属于投资办学,追求经济利益是其主要办学目标,但由于民办幼儿园产权结构比较复杂,实际追求的经济利益也有很大差异。笔者在对国内部分地区的调研中发现,超过三分之二的民办幼儿园通过向个人、开发商或其他私营企业租赁土地和园舍来办学,而土地、园舍实际产权性质和归属也五花八门;民办幼儿园办学注册资金中也有超过一半属于多位股东共同投资或企业投资。有研究者也得出相似的结论,认为我国幼儿园产权结构至少包含国有产权结构、私有产权结构和公私共有产权结构几种形式。② 不同产权结构背后包含复杂的利益关系,最终都要反映到民办幼儿园对自身的办学决策和定位上。因此,民办幼儿园实现经济独立的关键是,能根据自身清晰的产权结构并综合其背后的利益诉求,在办学方向和办学目标上自主做出办学决策,并逐渐形成一种路径清晰、回报稳定的利益保障机制,实现自身稳定发展。

就幼儿家长而言,经济独立表现为其基于家庭资产及收入相关的经济实力而具备的教育支付能力。受地区经济发展水平及幼儿园办学成本的影响,必然会有部分低收入家庭不足以支付购买符合最基本质量要求的学前教育服务的情况。同时从构建一个充分竞争的幼教市场的角度讲,需要保证有足够教育支付能力的家庭来形成"买方"市场。为此,既为了保证教育公平,同时为了促进市场竞争,目前国际社会普遍采用政府财政直接补贴适龄幼儿家庭和分担民办幼儿园办学成本两种方式来提升幼儿家长的教育购买力。近些年,根据《中共中央国务院关于学前教育深化改革规范发展的若干意见》等相关政策文件的精神,我国已经初步构建起了学前教育成本分担机制和针对家庭经济困难、孤儿、残疾儿童的资助制度,如河南郑州、浙江宁波等地已经探索实施了多年的学前教育券制度,极大地减轻了幼儿家长的负担。同时,基于对幼儿园办学成本的核算,科学核定非营利性民办幼儿园尤其是非营利性民办普惠园的收费标准,加强对民办幼儿园的价格监管,抑制民办幼儿

---

① [以]Y·巴泽尔.产权的经济分析[M].费方域,钱敏,段毅才译.上海:上海人民出版社,1997:2.
② 杨冬梅,王默.发展不同产权结构幼儿园的意义及其分类治理探讨[J].教育与经济,2016(2):61-67.

园高收费问题,也是当前我国在提升幼儿家长教育购买力方面做出的重要举措。

2. 理性决策独立方面

民办幼儿园举办者具有独立的理性决策能力,主要表现为能够对行业发展需求和趋势做出理性的预测及判断,这包括把握幼儿家长的真正需要和相关政策的基本动向、要求。这有助于民办幼儿园不断优化自身管理行为和教育服务,确保自身在行业竞争中的优势,同时提前为未来行业发展环境变革做好准备。而要实现理性决策独立,民办幼儿园举办者需对行业整体发展水平相关信息,如课程模式与结构、教育教学水平、师资供给结构、幼儿发展需求等有着清楚的认识。但现实情况是,民办幼儿园之间、民办幼儿园与幼儿家长之间、民办幼儿园与政府之间会不可避免地存在信息不对称。在这种情况下,民办幼儿园举办者要真正实现独立、理性的决策,除了要提升自身的专业管理能力,还有赖于来自政府或行业的外部支持,以实现对行业发展信息的充分掌握。

对于幼儿家长而言,具有独立的理性决策能力,则主要表现为能够根据自身需要选择到适合的学前教育服务。在当前民办幼儿园教育快速发展的背景下,幼儿家长能够对民办幼儿园办学质量进行客观评价并理性择园,不仅关系到自身的教育权益,对于促进民办幼儿园之间基于家长选择而展开合理竞争,同样具有重要意义。不过,幼儿家长的理性决策能力既受自身文化素养的影响,也受有关民办幼儿园办学质量、资源布局等信息能否充分得到披露的影响。考虑到幼儿家长仅凭个人理性是很难充分掌握民办幼儿园发展的总体信息,不仅是因为过程成本个人无法承受,还因为个体不可能做到绝对理性。因此,幼儿家长要真正做到独立地理性决策,必须得到政府公共部门的支持。

## (二) 权利的自由交易

公平、自愿、平等是社会主义市场经济的基本原则。假设民办幼儿园与幼儿家长的独立性都得到了充分保障的前提下,民办幼儿园与幼儿家长之间的自由交易,就体现为根据各自需要,基于教育服务的真实价值,自由平等地完成教育服务的选择和交易。而在现实中,民办幼儿园与幼儿家长之间的自由交易,不仅受限于幼儿家长实际教育支付能力的影响,也受到市场失灵的影响,即市场的逐利性可能会导致民办幼儿园倾向于向可以支付更高教育费用的幼儿家长提供教育服务,由此可能会产生垄断,损害学前教育的公益性。按照国际经验,在一些采用"市场为主"的方式来发展学前教育的国家,其幼教市场一般满足两个条件:一是幼儿家长有能力独立做出理性决策,家长和幼儿园之间尽可能地实现信息对称;二是市场上有足够多的幼儿园供家长选择,不至于形成垄断。① 因此,民办幼儿园与幼儿家长之间要实现自由平等交易的一个重要条件是,幼教市场中有足够多、有质量的民办幼儿园可供不同的幼儿家长选择,这就涉及民办幼儿园的准入问题。

对民办幼儿园进行准入审查,目的是尽可能筛选符合教育发展要求的办学者进入幼教市场,既避免民办幼儿园办学群体质量参差不齐、产生劣币驱逐良币的情况,也要避免民办幼儿园过度关注教育购买力高的幼儿家长群体可能会造成的教育不公平。对此,目前我国的主要做法是,除了按照统一的办学要求对民办幼儿园办学资质进行审查,对营利或非营利性民办幼儿园在经营管理模式、资金来源、土地房舍产权等方面都进一步提出了不同要求。这样的分类规定考虑了营利性民办幼儿园与非营利性民办幼儿园在办学成本以及主要服务群体方面的差异,在优先满足普通民众对普惠性学前教育服务的需求的同时,也为不同经济收入的幼儿家长提供了更为多元的选择,使得不同发展定向的民办幼儿园可以在受政府不同程度控制的幼教市场中分别展开有序竞争。当然对于类似问题,有的自由主义经济学者认为,解决方法不应是由政府实施市场准入审查,认为政府无法做到足够理性,因此会损害市场竞争,危害市场秩序,市场主体的准入和退出应该是基于私有产权的保护和市场主体对自身信誉的重视,通过自由竞争来实现。② 不过这一观点忽略了一个前提,即生产资料的所有制形式决定了不可能有完全自由的市场活动,特别是在诸如学前教育这样的公共产品供给领域,完全依赖市场自由竞争只会造成市场失灵、市场垄断,进而造成公共教育资源浪费以及民众利益的受损。社会主义市场经济体制决定了学前教育服务的供给必须接受政府的干预和控制,要通过市场自由竞争机制来提升学前教育资源配置,就必须对能够参与提供有质量的学前教育服务的民办幼儿园办学资质进行把关。

---

① 宋映泉,张眉.学前教育成本分担国际经验及其对我国的启示[C].王蓉,魏建国.中国教育财政政策咨询报告(2015—2019).北京:社会科学文献出版社,2019:244-253.
② 张维迎.市场与政府:中国改革的核心博弈[M].西安:西北大学出版社,2014:222-229.

### (三) 个体自由权利的制度化

基于前文分析不难看出,民办幼儿园与幼儿家长的个体独立性的获得以及相关权利的自由交易都离不开相应的外部制度保障。换句话说,不仅民办幼儿园与幼儿家长做出独立判断和选择需要相关制度的支持,而且二者之间的自由交易过程、交易行为和结果也应得到相关制度的确认和保障。具体而言,主要表现在以下三方面:

一是民办幼儿园基于自身产权结构的自主经营和管理的权利需要得到明确的制度保障。我国现有政策法规都明确强调要保护包括民办幼儿园在内的民办学校的办学自主权,但办学自主权的内涵比较丰富,包括招生自主权、人事管理自主权、教育教学自主权等。每一项权利的实现都牵涉诸多因素,且与民办幼儿园发展利益直接相关。在民办幼儿园分类管理背景下,目前最重要的是民办幼儿园的经费与资产管理自主权的充分实现,这不仅直接关系到民办幼儿园办学方向和办学质量,而且对民办幼儿园的可持续发展以及办学积极性的激发都至关重要。

二是幼儿家长以教育购买力为基础的择园能力需相关制度加以强化。幼儿家长能够真正在诸多民办幼儿园之间根据自身需要做出理性选择,是强化民办幼儿园围绕家长教育需求展开良性竞争的必要前提。考虑到幼儿家长对教育质量的需求很难有绝对上限,或总是保持理性,政府在通过直接或间接的财政补贴来提升家长择园能力时,需要优先确保有足够多的、能提供最基本教育质量要求的民办幼儿园可供幼儿家长选择。目前各地针对民办幼儿园的成本分担机制已经基本建立,除此之外,最为重要的一种降低民办幼儿园收费标准,间接提升幼儿家长教育购买力的举措,是在土地、园舍等核心办学资源供给方面分类做出规定,如可以无偿向非营利性民办幼儿园划拨土地等,以此降低幼儿园的用地成本和办学成本。

三是民办幼儿园办学质量评价与信息披露制度能得到充分落实。目前有关民办幼儿园分类管理的政策法规都提出了要加强民办幼儿园办学质量督导评价以及相关信息披露制度的落实,各地也在探索推进相关制度建设,客观上对强化民办幼儿园之间的合理竞争、规范发展产生了积极作用。但总体上看,由于幼儿园办学质量评价和信息公示分别涉及教育、行政管理等不同的专业领域,相关制度的充分落实还涉及政府职责分工、管办评分离、第三方参与等内容,因此相应的制度建设也十分关键。

## 二、民办幼儿园分类管理面临的市场逻辑矛盾

根据民办幼儿园遵循市场逻辑，实现有序发展应满足的上述三项条件，对当前民办幼儿园分类管理与发展的实际情况进行分析不难发现，目前对民办幼儿园实施分类管理正面临着一些市场逻辑矛盾。

### （一）民办幼儿园独立经营决策与产权结构要求之间的矛盾

在民办教育分类管理背景下，民办幼儿园能否按照自身资产情况，在办学方向和经营方式等方面做出独立决策，并不是无条件的，实际上受到涉及有关产权归属政策的约束。具体而言：一方面，选择登记为营利或非营利性民办幼儿园要满足相应的产权性质和归属要求，主要是土地、园舍产权。在相关产权结构明晰、产权归属明确的情况下，不同产权结构和归属的民办幼儿园对应着唯一的选择：民办幼儿园要选择登记为营利性民办幼儿园的，一般要求土地、园舍产权属于私有法人产权，在办学积累等财产权属明晰的情况下，缴纳相关税费后才能继续办学；对于占用的土地、园舍产权属于公有产权的，如基于划拨土地建设的小区配套园而举办的民办幼儿园，则要求必须举办成公办幼儿园或普惠园，不能举办成营利性幼儿园。另一方面，选择登记为营利或非营利性民办幼儿园之后，由于土地、园舍等核心资产产权归属和性质不同，能够实际获得的产权权益也有很大差异：登记营利性民办幼儿园的可以享受全部产权权益，即可以利用园所资产获得办学收益并对办学结余进行分配；登记为非营利性民办幼儿园的，则不能获得办学收益和对办学结余进行分配，所有办学结余只能用于办学。这样的制度安排符合公私合作推动公共事业发展的基本理念，即政府与民办幼儿园签订平等的合作契约，由政府向民办幼儿园提供无需市场交易就可获得的土地、园舍等核心办学资源和其他财政支持，以此分担民办幼儿园办学成本的同时，对其在公益性上提出更高的要求，这并不会损害民办幼儿园的独立经营和决策。但关键是，政府与民办幼儿园之间基于土地、园舍等资产产权及对应的办学要求所签订的合作契约，是否始终明确、一致。

从我国民办幼儿园的发展历史看，政府与民办幼儿园之间基于幼儿园产权结构的合作实际上经历了从模糊到明确、从无序到规范的过程。时至今日，有关民办幼儿园土地、房舍产权的明确与划分问题，在不少地方依然未得

到彻底解决。因此,民办幼儿园要真正实现独立经营决策,实际上与当前民办幼儿园分类管理基于幼儿园产权结构提出的相关办学要求之间仍存在一些矛盾。对于大多数以租赁土地、园舍等方式办学的民办幼儿园,只是获得了土地的使用权,筹办之初相关政策并没有明确指出,利用特定产权归属和性质的土地办学应承担哪些具体的办学义务。而按照当下的政策要求,强调民办幼儿园要履行新增的办学义务(如小区配套园必须转为普惠或非营利性),虽然也明确了相关新增的办学权利,但尚无法抵消新增的办学义务对民办幼儿园原有办学利益和办学目标的影响。如一些为追求合理回报而租赁小区配套园舍办学多年的民办幼儿园,被要求大幅降低收费转为普惠园,否则就要退出办学另行寻找新的办学场地。在这种情况下,民办幼儿园实际很难基于原有产权结构做出独立的办学选择。而鉴于新的政策要求导致产权收益风险的增加,民办幼儿园倾向于与政府进行多种博弈,但其中一些博弈并不利于民办幼儿园教育的整体健康发展,如资本实力一般的民办幼儿园可能会选择更为保守的投资模式,或是退出办学,或是尽可能压低办学质量以节约办学成本。对此,有研究者认为,这必然会导致民办幼儿园无论选择哪一种办学类型都会面临难以调和的发展困境。[1]

### (二) 提升家长教育购买力与保障办学质量之间的矛盾

目前在提升幼儿家长教育购买力方面,主要采取的是财政补贴直接分担民办幼儿园办学成本和对民办幼儿园收费标准进行限价两种方式,给予幼儿家庭的财政补贴主要是针对家庭经济困难、残疾、孤儿等家庭的有限资助,尚未全面覆盖所有适龄幼儿家庭。作为政府财政支持民办幼儿园发展的主要策略,民办幼儿园成本分担机制主要面向的是非营利性民办幼儿园尤其是非营利性民办普惠园,结合收费限价政策,客观上降低了民办幼儿园的收费标准,减轻了家长负担,间接提升了幼儿家长的教育购买力。但与此同时,受成本分担力度和限价政策的双重影响,民办幼儿园面临办学质量稳定提升以及办学规模扩大的双重困境,这与增强幼儿家长教育购买力以强化民办幼儿园有序竞争,进而推动民办幼儿园整体发展的政策初衷产生了矛盾。

学前教育活动作为一种资源密集型的活动,幼儿园办学成本与投入直接

---

[1] 王海英,刘静,魏聪."普惠之困"与"营利之忧":民办幼儿园的两难困境与突围之道[J].教育发展研究,2020(12):23-30.

影响着办学质量。近些年随着小区配套园治理工作的推进、普惠性学前教育工作督导力度的加强以及民办幼儿园分类管理政策的推进,越来越多的民办幼儿园开始选择登记为非营利性民办普惠园,在享受政府对非营利性民办幼儿园和普惠性民办幼儿园相关扶持政策的同时,其收费标准也受到相应限制。理论上讲,要维持既有的办学质量,民办幼儿园收费标准与政府成本分担力度应是此消彼长的关系,以确保民办幼儿园总的办学投入不变。虽然我国相关政策明确要求,要基于科学核定办园成本来确定幼儿园成本分担比例,但从现实情况看,目前针对普惠性民办幼儿园的成本分担比例与收费限价所造成的办学收入减少的比例之间存在较大差距,不足以支持很多民办幼儿园继续维持原有的办学投入和办学质量。目前我国民办幼儿园的办学模式十分多元,不同园所的实际办学质量与对应的办学投入也存在较大差异,而政府针对普惠性民办幼儿园的成本分担比例只能按照维持一定办学质量的目标来执行统一标准,不可能支持所有的民办幼儿园都维持原有办学水平,这样不仅对部分民办幼儿园意味着办学投入的减少和办学质量的降低,而且会影响到其对优质办学模式的追求。近些年一些权威媒体调查发现,"一刀切"降低民办幼儿园收费标准,强制要求民办幼儿园"转公转普"实现普惠性学前教育发展目标,在相关补贴不到位、举办者合法产权利益未得到充分考虑的情况下,已经造成民办幼儿园办学质量下降、幼儿家长教育负担不降反升以及严重影响民办幼儿园办学积极性等诸多问题。[①]

由此来看,通过降低民办幼儿园收费标准来间接提升幼儿家长的教育购买力,同时还要保证民办幼儿园维持稳定的办学质量并能围绕幼儿家长不断增长的教育需求展开有序竞争,必须在考虑民办幼儿园实际产权结构及相关利益保障的基础上,合理加大成本分担的力度。

### (三)家园双方独立决策与民办幼儿园规范竞争之间的矛盾

目前关于民办幼儿园办学质量督导评估以及信息公示的政策实践,在减少民办幼儿园之间、民办幼儿园与幼儿家长之间的信息不对称,推动民办幼儿园规范竞争等方面已经起到了一定的积极作用。但总体看,民办幼儿园与幼儿家长基于各自独立决策进行的自由交易,并没有真正围绕办学质量展

---

① 郑天虹,赵琬微,周畅.部分民办幼儿园"转公转普",园方喊冤家长叫苦[N].新华每日电讯,2020-08-24.

开,二者甚至还存在一定的矛盾和冲突。

近些年我国陆续推出了一系列关于推进科学幼小衔接以及幼儿园教育"小学化"问题治理的政策,从侧面反映出了我国学前教育发展仍需进一步关注质量问题。整体来看,目前民办幼儿园教育"小学化"问题要比公办幼儿园更为突出,而这不只是因为民办幼儿园管理理念和教师专业素质的问题,还源于幼儿家长及民办幼儿园普遍缺乏科学教育理念和教育质量评价观所致。在相当长一段时间里,我国民众对学前教育的真正价值以及意义缺乏科学认识,应试教育的理念逐级传导到学前教育,导致很多幼儿家长对提前进行小学教育产生非理性的需求,进而成为民办幼儿园竞争生源的重要考量。家长"非理性"的教育质量观和儿童发展观,就转化为民办幼儿园"非理性"的自由竞争观。加之民办幼儿园出于市场竞争的考虑,会倾向于将有关办学投入和办学过程的信息视为商业机密,民办幼儿园办学质量信息不对称依然十分普遍。这最终造成两种结果:一是民办幼儿园倾向于放大易被家长识别的硬件条件对于幼儿园办学质量的重要性,强调硬件方面的过度投入;二是引入一些易进行标准化评价但不符合幼儿全面发展要求的课程内容,如单纯的体育技能或艺术技能训练,甚至是以"国学"教育、"幼小衔接"名义开展的"小学化"教学内容。采用这两种办学策略的实际办学成本相对更易控制,因而导致民办幼儿园发展越来越趋于同质化,相互竞争则倾向于价格竞争而非真正的质量竞争。在这种情况下,家长面对日趋同质化的民办幼儿园,价格因素就成为家长择园考虑的首要因素,由此形成的家园交易行为反过来又压缩了民办幼儿园提升办学质量的成本空间,最终形成恶性循环,阻碍民办幼儿园的多元、有质量发展。

总之,目前民办幼儿园、幼儿家长看似通过独立决策展开自由、平等的交易,但实际上并非依据对学前教育的科学认知而做出的理性选择。缺乏科学、明确的幼儿园办学质量评价体系以及相关信息公示作参考,双方非理性的自由交易只会加剧民办幼儿园围绕成本和价格优势进行"内卷式"发展。因此,如何进一步落实民办幼儿园办学质量督导评价以及相关信息公示制度,最大程度减少家长、幼儿园之间的信息不对称,让民办幼儿园之间的竞争反映真正的市场需求,未来仍需要进行持续的探索。

### (四)民办幼儿园准入审查与教育服务自由供给之间的矛盾

从《中共中央国务院关于学前教育深化改革规范发展的若干意见》等相

关政策文件中不难看出,对民办幼儿园实施分类管理实际上意味着政府对不同类型民办幼儿园在整个学前教育事业发展中的具体作用有了更进一步的认识。在此基础上,对应的是对民办幼儿园更为严格的准入资质审查。目前来看,除了在师资结构、硬件条件、课程教学等方面对民办幼儿园有着总的要求外,针对营利性或非营利性民办幼儿园又增加了诸多新的要求:如要求申请登记为营利性民办幼儿园,原则上要求取得省级示范园资质;占用小区配套园办学的只能举办成公办幼儿园或普惠园等。这些新增的准入要求,一方面旨在引导民办幼儿园整体向着非营利性、公益普惠的方向发展,另一方面意图防止民办幼儿园出现办学垄断和过度逐利,具有一定的合理性。但在实际执行时,由于各地民办幼儿园发展基础不同,不少在新政出台之前就设立的民办幼儿园将会面临无法根据幼儿家长的真实教育需要继续自由提供教育服务的困境。

目前在新增的民办幼儿园办学准入资质审查要求中,对民办幼儿园影响最大的是有关土地、校舍等产权结构的要求。按照我国《城镇国有土地使用权出让和转让暂行条例》《民办学校分类登记实施细则》等相关土地使用、民办幼儿园管理政策法规的要求,民办幼儿园可以通过出让、划拨等方式获得包括土地使用权在内的产权,或者向其他通过出让、划拨等方式获得土地产权的个人或单位,以转让、出租、抵押等方式获得土地使用权;如果民办幼儿园占用的土地、房舍等产权明晰,且能够按照《企业所得税法》等相关政策法规缴纳相应的税费或补缴土地出让金,就可以选择登记为营利性民办幼儿园;反之,选择登记为非营利性民办幼儿园则无以上要求。但实际上,目前绝大多数民办幼儿园并不拥有土地产权,多数是通过租赁等方式获得了土地的使用权。在当前幼儿园办学用地主要以小区配套园的方式进行规划和分配的情况下,很多仅拥有土地使用权的民办幼儿园,受国家对小区配套园办学性质的要求,面临转变办学方向的强制性要求。如根据《关于开展城镇小区配套幼儿园治理工作的通知》等相关政策的要求,小区配套园目前只能被举办成公办幼儿园或普惠性幼儿园。在各地以小区配套园建设为主,加快完成普惠性幼儿园覆盖率达标的背景下,不少地区都出现了在小区配套园未完成产权界定、移交的情况下,"一刀切"要求民办幼儿园要继续办学,必须选择登记为非营利性民办普惠园,已经导致一些民办幼儿园被迫选择退出办学或者降低办学成本与办学质量的情况出现。

在这样的政策背景下,对于绝大多数并不拥有土地产权的民办幼儿园而言,可能只有非营利民办普惠园一种类型可供选择。而在产权激励减少、办学收入受限的情况下,如果针对普惠园的补贴政策执行不及时、不到位,就有可能出现业内所担心的普惠性民办幼儿园降质、平庸化发展的问题。① 民办幼儿园只能选择根据自身产权结构来确定以多大办学投入来提供何种质量的教育服务,而不是根据所处区域真实的幼儿家长需求确定的教育服务。这显然不利于建立多元、有质量的学前教育服务体系,满足幼儿家长对优质学前教育的需求。

## 三、基于市场逻辑的民办幼儿园分类管理制度推进思路

### (一) 重视民办幼儿园产权利益诉求,依法落实办学用地供给政策

目前民办幼儿园在土地、园舍等方面的产权复杂性,反映了不同生产资料所有制的组合。在鼓励不同所有制形式共同发展、多种分配方式并存的社会主义市场经济体制下,拥有不同产权结构的民办幼儿园必然代表着多元的利益诉求,而充分满足这些利益诉求,则是激发民办幼儿园办学积极性和发展活力的关键。由于民办幼儿园产权结构的复杂性包含诸多历史遗留问题,对民办幼儿园实施分类管理在涉及相关产权结构调整时,就不能简单地通过产权分配,让举办者在是否追求经济利益之间做选择,而是要让其决定在追求多大的经济利益之间做选择。从国外利用市场机制发展普惠性民办幼儿园的失败经验来看,市场失灵的原因主要是因垄断等造成了过度逐利,而与是否逐利无关。② 因此,客观看待并重视民办幼儿园基于自身产权结构做出的办学决策,应成为优化民办幼儿园激励政策的基本思路。

为此,除了在小区配套园和普惠性民办幼儿园认定过程中,要充分落实"一园一议""一事一议"的政策方针,尽力避免"一刀切"式的分类认定和管理,充分考虑对民办幼儿园前期投入的适当补偿外,还应根据地区学前教育发展基础,充分调研、了解区域内幼儿家长的实际教育诉求,合理规划办学用地资源的分配和供给,科学评估土地等资源使用成本在民办幼儿园实际办学

---

① 熊丙奇.避免普惠政策实施后幼儿园降质,"放权到位"是关键[EB/OL].https://xw.qq.com/amphtml/20190204A0ABWK00,2021-11-9.

② 许倩倩.澳大利亚学前教育市场化改革:背景、历程与借鉴[J].学前教育研究,2020(4):3-9.

成本中的比例，在基于土地、房舍等产权性质对民办幼儿园办学类型提出相应要求时，理应对民办幼儿园维持必要的办学质量以及实现其合理办学利益可能面临的风险进行科学评估。具体而言，一方面，对于已建民办幼儿园的土地、园舍等产权归属因历史遗留问题暂时难以明确的情况（如小区配套园移交困难），可以考虑转变政策执行思路，先考虑民办幼儿园为获得土地、园舍的使用权而产生的成本支出，通过成本核算为民办幼儿园产权明晰、转变办学类型留出一定的过渡期。对于需要"转公转普"的民办幼儿园，应同时尽快落实相关政策文件中提出的财政补贴激励措施，降低土地园舍使用成本在民办幼儿园办学成本中的比例，保障民办幼儿园合理办学利益诉求。另一方面，对于土地园舍产权明确，但不符合区域幼儿家长教育需求且不愿意"转公转普"的民办幼儿园，应按照国家相关法律要求，落实对非营利性民办幼儿园以及营利性民办幼儿园的土地供给政策，在办学用地供给方面，通过回购、置换等方式保障其办学利益，为其自主选择办学方向提供发展空间。

### （二）科学核定普惠园教育成本，切实分担幼儿家长教育支出

利用教育券、税费减免、生均补贴等"市场化"方式分担民办幼儿园办学成本，以实现降低民办幼儿园收费标准、提升幼儿家长教育购买力的目的，其中如何确定合理的成本分担比例与力度是关键。当前我国幼儿园成本分担机制虽然已基本建立，但成本分担比例低、力度小、覆盖范围窄的情况仍然比较普遍，而在实际执行思路上，优先满足公共利益而压低民办幼儿园收费标准的举措，已经造成不少民办幼儿园选择减少办学投入，降低办学质量。因此，确定合理的分担比例并逐步加大成本分担力度是未来提升幼儿家长教育支付能力的重要选择。

可以预见，未来我国政府对民办幼儿园成本分担的力度会逐渐加大，势必会缓解民办幼儿园办学经费不足、质量提升困难的问题，但从优化政府财政投入效率的角度讲，加大民办幼儿园成本分担力度的同时，要防止民办幼儿园成本分担政策走完全"市场化"路线。根据国际社会学前教育市场化改革的经验，政府采用"市场化"的方式分担民办幼儿园办学成本，以此增加幼儿家长的教育选择权和教育可支付能力，如果不基于公共利益的实现来考虑民众的主要教育需求及对应的办学投入，完全遵照市场机制来分担民办幼儿园办学成本，民办幼儿园会越来越倾向于提供高质量、高投入、高回报的学前教育。这不仅会增加政府公共财政负担，助涨民办幼儿园办学成本，而且会

增加家长负担,影响民办幼儿园的发展质量。① 因此,要根本上提升幼儿家长的教育购买力和教育选择权,以"市场化"的方式分担民办幼儿园办学成本,必须基于公众主要教育需求,根据社会经济发展形势,确定与之相对应的普惠性学前教育服务成本,同时注意激发民办幼儿园举办者办学的社会性动机而非单纯的经济利益动机,以此区分非营利性民办幼儿园与营利性民办幼儿园并给予差别化的支持,最大限度地引导民办幼儿园选择以提供符合公众利益需求的教育服务来获得政府的支持。

### (三)优化民办幼儿园督导评估机制,构建多元参与评估治理体系

加强对民办幼儿园办学行为与质量的督导评估,并实现相关督导信息的披露与公示,是推动民办幼儿园、幼儿家长乃至政府做出独立决策与科学判断的主要方式。但从目前民办幼儿园督导评估机制建设的实际情况看,无论是在评估标准和体系的建设上,还是在督导与监管方式上,仍有较大的改进空间。实际上,中央对此早已提出明确的解决方案。如在2015年教育部印发的《关于深入推进教育管办评分离 促进政府职能转变的若干意见》中就提出了相应的问题解决思路,即在明晰政府、社会、学校三者关系的基础上,建立健全政府、学校、专业机构和社会组织等多元参与的教育评价体系。基于这一要求,优化民办幼儿园督导评估机制,实现对民办幼儿园发展质量的全面评估,就需要从以下几方面入手:

一是目前用于民办幼儿园发展评估和督导的相关标准体系主要由各种专业机构制定,标准体系复杂、操作门槛高、实施成本大,不便于全社会广泛参与,因此应尽快构建适用于多元治理的、多层次的民办幼儿园发展评估标准体系,便于幼儿家长、民办幼儿园、政府部门以及其他社会机构在内的多元主体理解和运用,为全方位、多角度把握民办幼儿园发展的真实情况,实现对民办幼儿园的有效监督提供基础。

二是目前民办幼儿园发展督导评估主要依赖教育等相关行政部门,而政府部门普遍缺乏相关专业人员,在管理成本、管理能力、执行效率等方面还存不足。为此,应根据相关政策精神,突出第三方专业机构在标准化评估体系构建和实施中的作用,未来重点加快第三方评估机构的培育工作是优化民办幼儿园督导评估机制的关键。

---

① 许倩倩.澳大利亚学前教育市场化改革:背景、历程与镜鉴[J].学前教育研究,2020(4):3-10.

三是对民办幼儿园的过程性评估与监管,仅依靠专业的第三方评估机构参与还不够,多元治理下的第三方应拓展到民办幼儿园之间的行业监督,幼儿家长以及其他民众对民办幼儿园的办学过程和办学行为是否合法、规范进行判断,结合专业评估信息公示,强化民办幼儿园自觉规范办学行为的意识。

### (四)合理看待民办幼儿园审查目的,引导园所自由展开质量竞争

通过对民办幼儿园实施分类管理来促进其规范发展,更好地满足民众对学前教育的多元需求,本质上离不开对市场机制的合理利用。随着社会的发展,在教育资源配置过程中引入市场竞争机制,被认为是打破教育垄断、满足受教育者多样化选择、提高社会福利的必然选择。[①] 目前在民办幼儿园分类管理相关政策中,针对民办幼儿园产权权属、经营模式等新增的准入审查要求,主要服务于规范民办幼儿园发展方向,优先满足民众对普惠性学前教育服务的需求,但对于民办幼儿园产权结构调整、重新确立经营方式等所产生的制度成本应如何加以补偿,仍需要具体的政策细则加以说明。尤其是在土地等核心办学资源供给方面,新修订的《民办教育促进法》中有关普通非营利性学校(非普惠)、营利性学校土地供给的要求(如土地置换),需要在政策上得到进一步明确,在实践中持续探索有效的执行经验。在政府对土地资源拥有绝对掌控权的情况下,对非营利性民办幼儿园尤其是非营利性民办普惠园的土地供应政策进行明确和细化,是要防止形成"垄断性"民办幼儿园市场:通过对土地资源的差异化分配,减少非营利性民办非普惠园和营利性民办幼儿园获得土地资源的机会,可能会削弱民办幼儿园教育市场的竞争性和多元发展态势。

为此,未来民办幼儿园分类管理制度的推进,除了在有关教育质量评价、课程实施目标与方向等方面,对不同类型民办幼儿园应如何"管理"要做到一视同仁,结合前期的办学资质审查,重点确认举办者在办学资金来源、内部治理结构安排等方面的合法性;在办学条件保障与支持上更应公平对待,尽可能让不同类型民办幼儿园能公平地获得土地等核心办学资源,将土地等作为控制民办幼儿园办学成本的手段,而非作为控制民办幼儿园能否办学的门

---

① 旷乾.教育资源配置中的政府与市场——基于中国现状的分析[M].南宁:广西教育出版社,2007:223.

槛,让不同民办幼儿园根据自身办学资金、土地使用成本,围绕幼儿家长的教育需求和自身合理办学利益的实现而自由进行质量竞争。

## 第三节 民办幼儿园分类管理与支持制度建设的技术逻辑

自从2016年新修订的《民办教育促进法》正式颁布以来,我国各地政府随后也确定了民办幼儿园分类管理政策执行的时间节点,普遍要求在2022年底之前完成分类登记,并为此设置了过渡期,但从实际执行的情况看,各地相关工作进展总体相对缓慢。对此,有研究者认为主要是因为相关配套政策资源供给不足,无法有力推动事关民办幼儿园切身发展利益的诸多事项的解决。[①]从政策实践的角度讲,由于政策的执行与落实往往具有很强的专业性,"政策决策在执行的过程中都会存在不同程度的技术困难,困难程度与要解决的问题的多样性有关。"[②]而由于民办幼儿园分类管理牵涉到对原有民办幼儿园办学体制的调整、不同利益相关者权益的保障以及各部门的职责分工等诸多方面,而不仅仅是处理民办幼儿园单方的利益问题,其与其他利益相关者之间的利益关系能否得到平衡,同样十分关键。因此,民办幼儿园分类管理制度的最终落实,要面对和解决的技术性问题会比较复杂,需要从不同专业技术角度考虑如何一一破解。

### 一、民办幼儿园分类管理制度推进的技术逻辑及内涵

民办幼儿园分类管理过程中涉及的各种技术性问题,都有其具体的问题指向,也就是说无需对其进行价值判断,只需按照其所属专业领域相关问题解决的基本规律和逻辑,严格遵循既定程序和标准加以解决。从技术问题的这一内涵出发,民办幼儿园分类管理制度推进的技术逻辑,实际上包含着两重逻辑,即程序逻辑和实践逻辑。

---

① 吕武,刘益东.推进民办幼儿园分类管理的现实困境与政策应对[J].中国教育学刊,2017(3):19-23.

② Daniel A.Mazmanian and Paul A. Sbatier. Implementation and public Policy[M].Glenview:Scott, Foresman, 1983:21-25.

第四章　民办幼儿园分类管理与支持制度建设的主要逻辑

## （一）民办幼儿园分类管理制度推进的程序逻辑

民办幼儿园分类管理制度的推进同时面临着多个领域的专业问题，无论从单个具体问题看，还是从多个问题的内在联系看，都需要基于问题所涉专业领域的内在规律以及问题内部各要素之间的因果联系，给出明确、具体的行动路线，即所谓遵循相应的程序逻辑。目前有关民办幼儿园分类管理的标准和依据、管理部门分工、分类登记后的产权处置原则等，在新修订的《民办教育促进法》《民办学校分类登记实施细则》等法律法规中都已经有了明确说明，仅仅是在民办幼儿园的收费标准核定、财产权属确认、办学补偿标准等方面，要求各地政府因地制宜明确相关细则。可以看出，新《民促法》等的颁布，在一些关键的、宏观的、重大的政策问题上已经完成了顶层制度设计，目前只是对各种专业的、微观的、具体的问题缺乏相应的解决方案。而从政策执行的角度讲，一般解决一项宏观政策下的各种具体问题通常采取并行处理的方式，"这是考虑到在政策执行环节所面临的各种具体问题，往往彼此相互交织，只能通过系统的政策设计，采用成套的政策工具一并解决。"[①]换句话说，宏观政策下的各种具体的政策子问题，一般彼此之间存在着密切联系，互相影响甚至互为条件。针对具体的政策子问题选择相应的政策工具时，无论是选择市场化工具、工商管理技术工具还是社会化工具，不同的政策工具一般被认为对应着能解决具体问题的一种技术方法或手段。[②]也就是说，不仅具体的政策子问题之间相互影响，而且每个子问题单独解决时还要考虑相应的手段和方法的适宜性问题，任何技术手段本身有其特定的运用程序，选择相应的政策工具需要考虑其与问题本身的关系。以此不难得出，民办幼儿园分类管理制度推进过程中要解决的各种具体专业问题，不仅要在整体解决方案设计上厘清问题本身之间的逻辑联系，而且要考虑问题内部各要素之间的逻辑联系，以此确认合适的政策工具，找到相关问题并行解决的切入点，明确清晰、科学的问题解决程序。

## （二）民办幼儿园分类管理制度推进的实践逻辑

从影响政策有效执行的因素看，民办幼儿园分类管理制度推进的实践逻

---

[①] Simon Herbert. Human Nature in Politics：The dialogue of Psychology with Politic Science[J]. American Political Science Review,1985(79):293-304.
[②] 陈振明.政策科学：公共政策分析导论[M].北京：中国人民大学出版社,2003:177-192.

辑首先强调相关技术问题破解方案的明确性、可操作性。国内学者陈振明认为,影响政策执行的内部因素包括政策的内容和方向是否正确、具体、明确,政策资源是否充足等;政策外部因素则包括政策执行的目标团体对政策本身的认可和接受、政策执行人员的素质和工作态度、政策执行机构之间的沟通协调等。① 美国学者麦克劳林也认为,影响政策执行的外部因素主要包括政策目标和规则是否明确,政策权威的有效性如何;内部因素则主要包括政策执行者对政策的认同、执行动机和能力意愿等;只有当外部因素能被政策执行者所充分理解时,内部因素才会开始发挥主导作用。② 从中不难得出,政策的有效执行,要求政策目标、内容、方向等足够清晰,才可能基于利益相关者的认可、理解与配合,最终得以顺利展开。而教育政策执行的利益相关者主要涉及政府、学校、家长、教师等,一般这些利益相关者也被视为教育政策执行的重要参与者。③ 因此,就民办幼儿园分类管理制度的推进而言,无论具体涉及哪些专业领域的技术问题,相关政策执行所应遵循的实践逻辑体现为,要充分获得利益相关者的支持,从破解方案的可操作性角度讲,相关政策的执行标准、目标、规则需要尽可能清晰、明确,便于被各利益相关者充分认可与理解,以此才能在各利益相关者的支持下得到有效的落实。

## 二、程序逻辑在民办幼儿园分类管理中的具体体现

"政策是各种利益关系的调节器。"④通过对各地相关配套政策细则的制定情况进行分析发现,民办幼儿园分类管理面临的主要问题分别涉及民办幼儿园保教质量、民办幼儿园教师队伍建设、民办幼儿园规范办学等三方面。这三方面既是各利益相关者权益诉求最为集中的领域,也是彼此权益关系交织最为密切的领域:民办幼儿园教师队伍建设是有质量的保教服务输出的核心,而保教质量评估是政府部门在做出有关民办幼儿园准入与退出决策时的基本信息参考,民办幼儿园准入与退出机制则是倒逼民办幼儿园关注教师队伍建设与保教质量的基本动力源,三者构成了民办幼儿园分类管理制度推进

---

① 陈振明.政策科学——公共政策分析导论[M].北京:中国人民大学出版社,2003:290-292.
② Mclaughlin, M. W. Learning from Experience: Lessons from Policy Implementation[J]. Educational Evaluation and Policy Analysis, 1987,9(2):171-178.
③ 范国睿.教育政策的理论与实践[M].上海:上海教育出版社,2011:138.
④ 陈振明.政策科学:公共政策分析导论[M].北京:中国人民大学出版社,2004:52.

需要并行处理的核心问题(见图 4-1)。

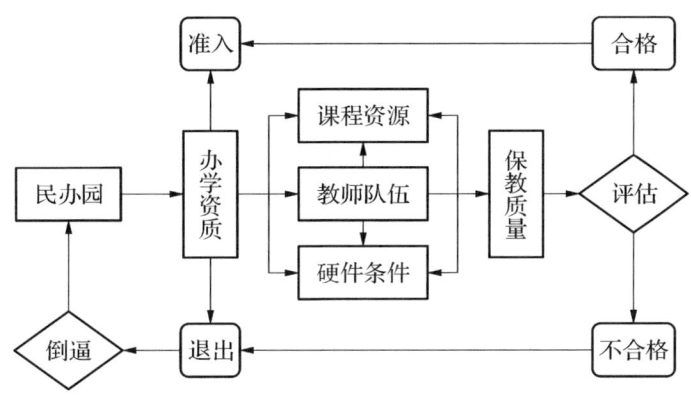

图 4-1 民办幼儿园准入与退出机制

## (一)民办幼儿园教师队伍建设的程序逻辑

在民办幼儿园分类管理背景下,解决民办幼儿园教师队伍建设长期存在的一些问题变得更为迫切。选择登记为营利性或非营利性民办幼儿园意味着会面临不同的外部发展环境、办学要求以及服务群体,进而导致针对教师专业素质结构、教师队伍建设投入、人事管理制度建设乃至专业发展环境等方面的要求都会有所差异。但总体来讲,民办幼儿园教师仍普遍面临着一些共性问题,如民办幼儿园教师队伍普遍存在薪酬待遇偏低、专业自主权缺乏、专业发展前景受限、专业能力偏低等问题[1],而这些问题实际可以分为两类,即专业生存问题和专业发展问题。专业生存问题的解决是教师专业发展的基础,专业发展问题的解决能改善教师专业生存的状态。无论是从民办幼儿园教师管理的现实情况看,还是从我国现有政策的相关规定看,上述两类问题解决的直接责任主体是民办幼儿园举办者。在目前民办幼儿园市场竞争日趋激烈的背景下,重视并加强教师队伍建设是民办幼儿园提升管理效能、实现自身办学目的的客观诉求,在通过解决教师的专业生存问题和专业发展问题促进教师队伍建设方面,主要需要考虑以下三种相互关联的管理机制建设:一是能激发教师自主专业发展能力的薪酬待遇给付机制;二是民办幼儿园教师招聘与培训机制;三是民办幼儿园教师职业晋升机制。

---

[1] 陈蓉晖,张茜萌.幼儿园教师专业能力现状及提升策略——基于《幼儿园教师专业标准(试行)》的调查[J].东北师大学报(哲学社会科学版),2017(4):210-215.

1. 民办幼儿园教师薪酬给付机制建设的程序逻辑

民办幼儿园教师薪酬待遇给付机制建设必然要遵循社会主义市场经济体制所强调的"按劳分配"原则,而"按劳分配"的核心是薪酬待遇要能客观反映教师的劳动价值,才能实现其对教师专业发展的激励作用。对此,从教育学、经济学、政治学等相关专业领域聚焦教师薪酬待遇问题的研究,不约而同地都指向了一个非常关键的问题:如何以客观的标准来确定幼儿园教师专业实践的劳动价值。有学者借用信息不对称理论、劳资议价理论、特征工资理论、制度变迁理论对普惠性民办幼儿园教师工资水平低的问题进行了多角度的分析,指出幼儿园教师专业劳动价值的难以测度性、滞后性,使得无论是幼儿家长还是民办幼儿园举办者,很难根据教师实际的劳动价值为教师确定合理的薪酬标准,由此在现实中产生了按照岗位类型、编制身份确定教师工资待遇的方式,这也是教师在劳资议价中经常处于弱势地位的一个重要原因。[①] 因此,构建合理的民办幼儿园教师薪酬分配机制,首先需要解决合理评估幼儿园教师劳动价值的问题,而这又涉及对应的幼儿园教师专业能力评估问题,这两类问题的解决构成了确定幼儿园教师合理薪酬标准和结构的重要依据,最后才有可能以此推动幼儿园教师科学薪酬分配机制的制度化,系统体现其对教师专业发展的激励作用。

2. 民办幼儿园教师招聘与培训机制建设的程序逻辑

合理、有效的民办幼儿园教师招聘与培训机制不仅关系着民办幼儿园教师能否胜任和适应幼儿园教育工作,而且关系着民办幼儿园教师的专业能力能否得到持续提升,因此教师招聘与培训实际上是民办幼儿园教师专业发展必须经历的两个阶段,前者内含对后者的要求,后者可以弥补前者的不足。但总体来看,目前在民办幼儿园教师招聘与培训方面依然存在一些不足:一方面,现有的幼儿园教师招聘标准和方式难以支持民办幼儿园真正筛选出能胜任幼儿园工作的教师,有研究者认为现有的幼儿园教师准入标准不够科学、合理是主要原因。[②] 另一方面,虽然民办幼儿园教师入职准备不足带来对教师进行职后培训的客观需求,但现实中提供给民办幼儿园教师的职后培训

---

[①] 刘天子,杨立华.普惠性民办幼儿园教师工资水平较低的理论阐释——一个经济学的分析框架[J].教育学术月刊,2021(5):59-65.

[②] 龚欣,郑磊,由由.提升资格准入门槛就可以提高幼儿园教育质量吗——基于数量与质量双重短缺背景的分析[J].教育发展研究,2020(24):67-75.

机会少、培训效果不佳等问题仍普遍存在。① 综合起来看,针对民办幼儿园教师专业能力保障与提升的两类机制的构建,同样需要基于对幼儿园教育工作特点及规律的进一步研究,明确幼儿园教师专业能力培养的基本目标和现实需求,构建具体、可操作的幼儿园教师能力评估标准体系与机制,才有可能以此来完善民办幼儿园教师招聘标准及程序和民办幼儿园教师职后培训机制。

3. 民办幼儿园教师职业晋升机制建设的程序逻辑

构建职业晋升机制主要是为民办幼儿园教师提供职称晋升和职位晋升的机会,更好地拓展民办幼儿园教师的专业发展空间,以此来强化民办幼儿园教师的职业认同感和幸福感,维持整个教师队伍的稳定性和可持续发展。职称晋升不仅是评判教师专业能力的重要标尺,还是教师薪酬分配的重要参考②;职位晋升则反映了教师的专业发展空间和定向,其对教师职业信念的增强、职业幸福感的获得具有重要影响。③ 民办幼儿园教师的职称和职位晋升一方面需要教师依据自身专业能力自主进行选择,另一方面也需要民办幼儿园和政府为此创造必要的渠道和条件,而这一切都要以对民办幼儿园教师专业发展能力及定向的客观、科学判断为依据。从目前相关机制建设的情况看,民办幼儿园职称晋升标准及相关晋升机制建设,不仅面临着科学性和规范性的问题,而且尚未充分发挥其指导教师薪酬分配以及激励教师自主发展的作用,同时民办幼儿园教师在专业发展过程中面临的职位晋升障碍也十分明显。④ 造成相关问题的原因是多方面的,但未能从幼儿园教师专业能力发展的特点及规律出发,明确幼儿园教师职称评定和职位晋升的科学依据是关键。因此,构建有效的民办幼儿园教师职称和职位晋升机制,逻辑起点依然是基于对幼儿园教师专业能力的科学评判入手,以此为依据确定与之对应的职称评审标准、等级以及应有的职位要求,然后再从行业发展的角度进行整体设计,将整个幼教行业视为教师职称与职位晋升的重要场域,为教师基于职称和职位来体现自身专业价值,促进其在行业内合理流动、明晰自身发展

---

① 吴琼.我国幼儿园师资保障质量评估与提升策略[J].学前教育研究,2021(1):57-66.
② 高晓娜,王嘉悦.教师"职称—薪酬"制度:异化与革新[J].当代教育科学,2020(10):78-84.
③ 邓涛,李燕.专业发展空间对教师职业幸福感的影响:基于有调节的中介模型[J].现代教育管理,2021(9):81-89.
④ 邱敏蓉,王乐,李玲.幼儿教师职业生涯阻碍状况研究——民办幼儿园与公办幼儿园的对照比较[J].教育学术月刊,2020(12):88-93.

定位、确定职称职位晋升的最佳渠道创造相应的制度条件。

### （二）民办幼儿园保教质量评估机制建设的程序逻辑

基于科学、客观的保教质量评估，构建有序的民办幼儿园准入和退出机制，形成良好的竞争环境和适度的竞争淘汰压力，是激励民办幼儿园举办者不断提升办学与管理效率、推动民办幼儿园健康发展的基本要求。一套程序规范、标准可行、体系完备的民办幼儿园保教质量评估机制，不仅可以为政府相关部门及其他利益相关者客观判断民办幼儿园发展质量提供重要参考，同时相关评估标准还构成了民办幼儿园自身发展的指引，有助于支持不同类型民办幼儿园明确自身发展目标与定位，专注于保教质量提升与管理效率优化。

从目前民办幼儿园保教质量评估工作的实际开展情况来看，尽管现有政策已经对幼儿园督导评估的主体、对象、方式、内容、评估结果运用都做出了相关规定，但从相关政策内容以及实际执行效果看，现有的督导评估机制还需进一步完善，主要表现为相关督导评估政策主要是规定了幼儿园保教质量督导评估的一般原则和内容，但在评估主体、方式、内容、标准等评估要素的设计上，仍有待从可行性的角度为各评估要素功能的充分实现创造相应条件。比如作为幼儿园保教质量评估体系中最为核心的评估标准建设，决定着评估主体、评估方式的选择，但目前这部分内容仍需明确和细化；以政府行政主导的评估主体要有效发挥督导作用，则涉及评估主体的资质、工作方式、管理结构等，但目前在这些方面尚未有更多的政策细则。具体到民办幼儿园分类管理中，宏观政策层面对不同类型民办幼儿园的办学目的和办学质量已经提出了相应要求，而具体的保教质量评估工作应能为民办幼儿园常规监管稳定而持续地提供决策信息反馈。因此，民办幼儿园保教质量评估机制的建设应符合民办幼儿园管理工作开展的一般逻辑，在评估主体、内容、方法等各方面实现规范化、科学化、制度化，及时而持续地为民办幼儿园分类管理提供必要的信息支撑。

### （三）民办幼儿园分类准入与退出机制建设的程序逻辑

构建科学合理的准入与退出机制，是政府有效实现对民办幼儿园分类发展监管职能的基本体现。其中，民办幼儿园真实的保教质量以及相关资源要素配置的完备性与合理性，是民办幼儿园准入与退出审查的重要内容，包括教师队伍建设情况、课程与教育资源的整合程度等。此外，从民办幼儿园教育功能实现的角度讲,民办幼儿园分类发展可能会导致不同的保教质量和办学模式,但在保教质量标准以及教师队伍建设方面必须满足一定的底线,这同时也是民办幼儿园准入和退出审查的底线。

民办幼儿园准入与退出机制都是基于对民办幼儿园办学资质与办学行为的审查结果展开的,其中具体涉及审查主体、审查方式、审查内容、审查标准、审查信息反馈以及审查结果处理等。这些审查环节实际涉及各种专业问题,如审查主体的具体构成应包含哪些组织和个人,各自的职责范围如何划分,如何处理政府与第三方之间的关系等;审查内容和标准如何确定,对民办幼儿园办学质量的审查要关注哪些方面;根据审查结果做出民办幼儿园准入和退出的行政决策时,还要具体执行哪些程序等。目前来看,我国对民办幼儿园的审查监管主要依赖政府行政手段,但在社会主义市场经济体制下,要保证民办幼儿园能基于等价交换原则自由展开有序竞争,仅依靠"有限理性"的政府行政行为,无法应对民办幼儿园实际办学过程中出现的各种复杂问题。对此,除了审查标准和内容的问题,在审查主体和审查方式上,根据中央提出的社会治理理念以及管办评分离的教育改革思路,目前正在探索的如何引入幼儿家长、第三方专业机构等在内的多元主体参与,推动民办幼儿园基于公平竞争而实现有序准入或退出,是民办幼儿园准入和退出机制建设的重点。尤其是分类管理背景下,对不同类型民办幼儿园的办学资质、办学行为都有不同要求,如何引入多元主体参与来有效落实分类管理的相关要求,亟须在政策执行程序上进一步明确。

## 三、实践逻辑在民办幼儿园分类管理中的具体体现

基于以上分析不难看出,民办幼儿园分类管理制度的推进在民办幼儿园保教质量评估、教师队伍建设以及民办幼儿园准入与退出等方面存在的各种不足,除了源于对民办幼儿园分类管理的基本政策目标构成要素缺乏系统思考,导致对相关政策执行思路缺乏合理的程序性安排外,在具体操作上就体现为普遍缺乏明确的政策执行标准和执行目标,使得相关专业工作的展开不够规范而有序。因此,从民办幼儿园分类管理技术问题具体处理的角度讲,需要基于实践逻辑进一步明确相关工作的实施目标和标准。

## (一) 民办幼儿园保教质量评估标准体系建设的实践逻辑

需要明确的是,民办幼儿园保教质量评估标准体系建设等同于整个幼儿园保教质量评估标准体系建设,理应共享同一套保教质量评估理念,这是由幼儿园教育的基本职能所决定的。从技术层面讲,包括民办幼儿园在内的幼儿园保教质量评估标准体系建设首先要突出统一性和科学性,以实现对不同类型民办幼儿园保教质量的一致性认定。目前国内各地都有相应的幼儿园保教质量评估标准体系,并且在幼儿园准入资质认定、评级评类等管理工作中得到广泛应用,但最大的问题是相关评估标准体系结构不够科学,主要是服务于部门管理工作,而对真正涉及幼儿园办学质量的过程性、动态性指标关注不够。[①] 如在国家层面,关于硬件条件有住房和城乡建设部编印的《托儿所、幼儿园建筑设计规范》,关于教职工配备、教学管理有教育部印发的《幼儿园教职工配备标准》《幼儿园工作规程》《幼儿园管理条例》等。除此之外,各地参考国家有关幼儿园督导评估要求并参考上述指标体系制定的地方性幼儿园保教质量评估标准体系,多数都存在重点关注园所设施、物质条件等结构性质量指标,而对幼儿发展、师幼关系等过程性质量因素则关注不够的问题。[②] 近些年,国内学者针对如何构建更为专业、科学的幼儿园保教质量标准体系进行了诸多研究,如杨莉君等研究者从结构性质量、过程性质量、结果性质量三个维度尝试构建了幼儿园保教质量评估指标体系,并重点突出了过程性指标的权重。[③] 虽然在2022年教育部印发的《幼儿园保育教育质量评估指南》中已经融入了前期相关研究和实践成果,为后续民办幼儿园保教质量评估提供有力的权威指引,但相关内容及要求的落实,仍需要较长时间的探索和转化,不能直接搬用。

另外,民办幼儿园保教质量评估体系建设除了要考虑统一性和科学性,还需要考虑多元性和全面性的问题。这主要是从保教质量评估标准的执行主体来看。目前国际社会对托幼机构质量评估的多元性和全面性已经基本形成一致的看法,即从单一的评估视角出发,很难对托幼机构的质量作出全面客观的评价。美国幼教专家莉莲·凯茨就认为,托幼机构质量评价可能至

---

[①] 刘占兰.中国幼儿园教育质量评价[M].北京:教育科学出版社,2011:12.
[②] 马锦华,陈园园,李晓宁.幼儿教育质量评估指标体系比较及其启示[J].教育研究与实验,2019(5):76-82.
[③] 杨莉君,贺红芳.幼儿园保教质量评估指标体系建构研究[J].教师教育研究,2017(5):81-88.

少要有五个视角:以托幼机构举办者或政府部门为评价主体的自上而下的视角、以幼儿为评价主体的自下而上的视角、以幼儿家长为评价主体的外部—内部视角、以托幼机构教师为评价主体的内部视角、以社区及社会大众为评价主体的外部视角。[①] 由此来看,民办幼儿园保教质量标准体系建设至少应为幼儿家长、社会民众、幼儿园教师等利益相关者从自身视角出发,对幼儿园保教质量做出科学、客观的评价提供易理解、操作性强的参考标准。但从目前国内各地所制定和采用的幼儿园保教质量评估标准体系来看,主要还是从专家视角、政府视角出发制定的相关标准,不仅难以被普通幼儿家长和民众所理解、掌握,甚至对于一线幼儿园教师而言,也需进行相应专业培训才有可能上手操作。因此,如何从不同视角出发,制定出便于幼儿家长、教师、民众等利益相关者能广泛参与评估的民办幼儿园保教质量标准评估体系,是未来民办幼儿园分类管理要进一步完善的主要内容。

### (二)民办幼儿园教师权益保障的实践逻辑

民办幼儿园教师权益保障主要包含两方面:生存权益保障与发展权益保障。前者涉及具体的工资待遇,后者涉及职业发展及相应的职称职务晋升。民办幼儿园分类管理制度的推行对民办幼儿园办学经费收入及在教师队伍建设方面的经费分配的影响是显而易见的。虽然影响民办幼儿园教师工资待遇及相关专业发展权益保障的因素很多,但按照我国现有政策法规的要求,民办幼儿园举办者是保障园所教师工资待遇与发展权益的主体,同时各级政府也应通过管理制度建设、财政支持等方式,督促民办幼儿园举办者切实保障园所教师各项权益。因此,民办幼儿园教师权益保障最终取决于民办幼儿园举办者对相关问题的重视程度,而这又涉及民办幼儿园教师工资待遇及相关权益的保障标准和依据等专业问题。

目前民办幼儿园在保障教师工资待遇和发展权益时,同公办幼儿园一样主要采取评级定类的方式,即基于教师专业能力水平的认定来核定相应的工资水平及权益,可简单称之为"按职称发工资"。但与公办幼儿园的主要区别是,不同民办幼儿园之间并不遵循统一的"职称"认定标准和工资给付标准。换句话说,民办幼儿园教师获得的"园内职称"并不一定能够被另外一所民办

---

① [美]莉莲·凯茨.与幼儿教师的对话——迈向专业成长之路[M].廖凤瑞译.南京:南京师范大学出版社,2004:120.

幼儿园所认可，无法作为给予相应工资待遇的参考。至于为何民办幼儿园不对标公办幼儿园教师管理方式，要求教师按照当地教育部门出台的标准来获得"官方职称"并以此确定教师工资待遇。调查发现主要有以下原因：一是民办幼儿园举办者普遍对教育部门提供的教师职称官方认定标准和方式不太认可，认为其不符合幼儿园办学实际需要；二是目前相关政策法规对民办幼儿园教师获得"官方职称"与工资待遇挂钩并没有强制性要求，是否有相应的职称对教师工资待遇影响不大；三是按照相关政策要求，民办幼儿园教师评"官方职称"要由工作单位按照相关要求筛选、初评和统一推荐，多数地区还要求教师档案所在地与工作地一致，职称申报成本也抑制了民办幼儿园举办者及教师组织参评的积极性。

总的来看，如果民办幼儿园各自为政，采取独立的"园内职称"认定标准和与之匹配的工资待遇保障标准，在相关标准的专业性和权威性得不到认可的情况下，当民办幼儿园教师想通过"跳槽"来获得更好的工资待遇和发展权益时，早先获得的"园内职称"并无多大的作用，反而需要在新园所中重新获得"园内职称"，由此产生的"沉没成本"往往会抑制教师流动的意愿，同时也削弱了民办幼儿园通过提高教师工资待遇等方式来竞争优秀师资的意愿，长远来看并不利于民办幼儿园教师整体权益的稳定提升。因此，如何优化当前民办幼儿园教师职称评定标准及机制，打通民办幼儿园教师职称评定与工资待遇及相关发展权益相匹配的路径，将民办幼儿园教师职称结构与园所评级定类相挂钩，以实现倒逼民办幼儿园基于教师职称结构，构建合理的教师工资待遇给付标准和机制，为民办幼儿园教师整体权益保障提供充分支持的目的，亟待从相关技术层面论证其合理性和可行性。

### （三）民办幼儿园准入与退出的实践逻辑

在我国现行教育管理体制下，民办幼儿园准入涉及教育、消防、卫生、工商、民政等多个部门对幼儿园各方面资质条件的审查、验收。如民办幼儿园筹办时，在关乎人身安全的消防、卫生等方面采用前置审批的方式，由消防、卫生等部门审查通过后，教育部门才可以进一步审批并颁发办学许可证。近些年随着我国行政审批体制改革的深入，民办幼儿园的准入审查程序发生了一些变化，由过去的多部门分别审批正逐渐转变为由专门成立的行政审批部门集中审批。随着我国民办幼儿园的快速发展，这种以政府行政部门主导的审查方式已经很难实现对民办幼儿园发展的全过程监管，为此，要形成规范的民办幼儿园竞争淘汰机制,实现民办幼儿园的有序准入和退出,至少要厘清三类技术问题解决的实践逻辑。

首先是有关第三方机构的培育机制及资质认定问题。目前一些地区如北京、上海等地,已经在探索利用第三方专业机构参与幼儿园保教质量评估,但对于第三方机构的人员构成、资质标准、职责定位、服务形式和程序、政府购买方式等仍缺乏明确、统一的要求。就目前所掌握的情况看,绝大多数地区所引入的第三方机构基本上都带有半官方性质,主要是由教育行政部门主导,以行业协会、研究院等名义成立相应的组织,人员构成主要为教育部门退休干部、各类幼儿园园长、科研院所的专业人员等,工作机制则是按照教育部门要求,以政府购买、志愿性工作等方式提供服务。不难看出,这样的第三方参与机制实际上在专业性、权威性、公信力上都存在不足。

其次是关于幼儿家长及社会民众参与民办幼儿园过程性监管的方式与职责界定问题。目前各地政府针对幼儿家长及社会民众参与幼儿园管理,普遍要求建立相应制度,包括家长委员会制度、家长志愿者驻园值守制度、家园联系制度、民办幼儿园办学信息披露与公示制度等。但调查发现,一方面由于对幼儿家长及其他民众的参与职责、参与方式缺乏统一、明确的要求,相关制度在推动民办幼儿园规范办学、解决家园矛盾等方面发挥的作用也比较有限;另一方面,对民办幼儿园信息披露和公示没有明确、统一的具体要求,在各地政府相关部门网站等信息平台上也很难查到区域内民办幼儿园的具体办学信息,幼儿家长及其他民众实际所能掌握的幼儿园办学信息十分有限。

再次是关于政府各部门分工协作机制的问题。尽管我国地方政府对各部门学前教育管理职责早有相应要求,但就民办幼儿园准入与退出的监督、审查而言,在相应职责范围、执行程序、管理内容、执行标准、协作机制等方面仍不够明确。特别是在民办幼儿园分类管理制度推行过程中,在涉及民办幼儿园的产权界定、税费减免、资助奖励、内部治理结构等诸多方面,不少地区仍需要构建更明确的配套政策,部门之间统筹协作机制仍有待充分建立起来,以推动早期民办幼儿园发展中积累的一些历史遗留问题得到有效解决。如调研发现,一些地区的小区配套园移交治理工作在推进缓慢甚至停滞的情况下,强制要求占用小区配套园办学的民办幼儿园举办成普惠性幼儿园,这种管理思路无形中会加重民办幼儿园办学负担,影响到民办幼儿园的办学质量。

## 三、破解民办幼儿园分类管理技术问题的基本思路

### (一) 构建多层次的民办幼儿园保教质量评价指标体系

对民办幼儿园实施分类管理，旨在推动民办幼儿园实现多元、普惠、有质量的发展，相关评估标准体系的建设理应为准确评价不同层次民办幼儿园的办学水平提供明确指引，不仅要适合专业人员或专业机构操作和使用，而且也要适宜同样关注民办幼儿园办学质量、但却缺乏相关专业知识和能力的幼儿家长理解和参考。因此，民办幼儿园保教质量评估标准体系的设计要充分考虑不同利益相关者的充分参与，可以从以下两方面着手推进：

一方面，在现有幼儿园保教质量评估标准体系的基础上，进一步联合教育、医疗卫生、建筑设计等专业机构和团体，参考国内外研究成果，针对幼儿园的软硬件配置、教育教学过程、儿童身心发展水平等，优化和制定更为统一、具体、可操作性的幼儿园保教质量评估标准体系，同时应根据幼儿园保教水平区分为不同等级，并对应相应的保教等级，为幼儿园提升自身保教质量提供清晰的改进路径和建议。

另一方面，参考国内外已有保教质量评估标准体系，如国内由李克建、胡碧颖合编的《中国托幼机构教育质量评价量表》和美国幼儿教育协会编订的《幼儿教育机构质量标准与认证体系》，结合国内各地实际情况，重点突出本土资源特色与优势，制定便于家长理解、使用和普及的简明版幼儿园保教质量评估指标体系，为幼儿家长全程参与幼儿园保教质量评估与监管提供参考。

### (二) 构建以教师专业发展为核心的权益保障机制

相比于公办幼儿园教师，民办幼儿园教师权益保障所能直接套用的相关政策法规相对更少、更模糊，而要构建相关政策则不能完全照搬公办幼儿园教师待遇保障的思路，原因在于园所性质决定了教师权益保障的主体不同。对此，理应将民办幼儿园教师视为专业的劳动者，围绕教师专业发展，构建既能维系其专业发展基本需求，也能充分支持其不断获得专业发展的动力，同时还能提高其在工资待遇等方面议价能力的综合性保障制度。具体可以从以下三方面入手：

第一，地方政府应参考地区公办幼儿园教师工资待遇中位数和其他省份

经验,加快制定区域内民办幼儿园教师工资待遇最低标准和待遇结构政策,针对不同类型民办幼儿园的办学定位,科学测算并规定民办幼儿园办学成本支出中的教师工资待遇支出比例,构建区域内统一的民办幼儿园教师工资待遇给付标准和保障结构。

第二,地方政府应在优化本地区幼儿园教师职称评审政策的同时,结合民办幼儿园发展扶持与管理政策,将民办幼儿园的教师职称结构与民办幼儿园评级定类、政策扶持力度等挂钩,突出园所教师专业水平在幼儿园办学质量中的权重,并配合相关办学信息公示制度,基于民办幼儿园举办者对自身办学声誉的重视以及幼儿家长对优质学前教育的选择偏好,将行业生存压力转化为民办幼儿园举办者重视教师专业发展和待遇保障的动机,从根本上保障教师的合法权益。

第三,构建幼儿园教师有序流动、合理竞争的格局。由地方教育、人力资源与社会保障、工会等部门,依托和参考现有的事业单位人员人事管理的相关工作机制,构建区域内民办幼儿园教师人事管理制度、人力资源库以及顺畅的民办幼儿园教师职称晋升渠道,将民办幼儿园教师视为重要的人力资源加以统筹管理,实现对区域内民办幼儿园教师权益保障、岗位流动的规范管理,同时注意发挥工会在民办幼儿园教师群体动员、组织、管理中的重要作用,支持民办幼儿园教师依托专业机构和协会,提升自身权益保护与工资议价的能力。

## (三)营造全民共治的民办幼儿园分类治理模式与机制

民办幼儿园分类管理所面临的诸多问题,实则反映的依然是在公共治理方面长期讨论的"大政府、小市场"还是"小政府、大市场"问题。当前我国在社会管理体制改革方面强调构建中国特色的社会治理体系,显然不是寻求在政府包办和市场自治之间二选一,而是要求尽可能实现所有利益相关者共同参与公共事业的管理,以此谋求在公共权益的最大化和管理成本最低之间实现平衡,实现从"共治"走向"善治"的目的。[①] 因此,在民办幼儿园分类管理背景下,优化对民办幼儿园的准入和退出审查机制,关键是尽可能明确不同利益相关者的职责范围并合理赋权。具体而言,至少要加强以下三方面的工作:

一是尽快出台幼儿园保教质量评估第三方机构的资质标准以及培育管

---

① 褚宏启.教育治理:以共治求善治[J].教育研究,2014(10):4-11.

理政策，规范引导并突出第三方机构在辅助相关政府部门对民办幼儿园保教水平进行系统、及时的实质性审查中的作用。所谓实质性审查，即对反映民办幼儿园办学条件、资质、水平等信息的真实性、有效性、合理性进行专业分析和判断。而鉴于实质性审查过程涉及诸多专业领域，可以参考会计师事务所设立的经验，针对幼儿园保教质量评估第三方机构的人员构成资质、工作流程、服务标准等提出明确要求，同时采用许可证管理制度，推动第三方机构规范发展。

二是明确幼儿家长及其他社会民众在民办幼儿园过程性监管中的形式审查权力。所谓形式审查，即主要针对民办幼儿园实质性审查的程序是否合法、规范，结果是否可信、权威等进行判断。地方政府应基于实质性审查的内容和结果，明确民办幼儿园办学信息公示的内容、方式、途径，同时引导幼儿家长及其他社会民众，参考民办幼儿园保教质量评估标准对民办幼儿园保教质量进行基本评估，补充第三方、政府部门审查的不足，并对相关工作的专业性和权威性进行分析、判断，以此形成相互制衡、共同治理的格局。

三是基于目前政府部门分工机制，进一步按照民办幼儿园分类管理的制度框架，就民办幼儿园准入和退出涉及的重大事项，以相关法律细则、部门规章、地方性政策或指导意见等形式，明确相关部门具体工作要求和问责机制，确立相关重大事项的牵头部门与协同部门的分工机制，强化政府主管在部门协作、发展督导方面的责任意识和管理意识以及相关政府部门在民办幼儿园准入审查中的履责意识。

# 第五章
# 民办幼儿园分类管理与支持制度推进的挑战与对策

从2016年新修订的《民办教育促进法》出台后,从中央到地方陆续出台了一系列的民办幼儿园分类管理相关政策。相关政策都有一个共同点,就是越来越关注深层次学前教育管理体制和机制改革,其中以2018年发布的《中共中央国务院关于学前教育深化改革规范发展的若干意见》为主要代表。这些政策的出台基本上预示着民办幼儿园分类管理的相关顶层制度设计已经完成,但同时也指出了在具体的政策落实层面,仍需要克服的各种困难和应对的挑战。我国民办幼儿园教育发展至今,在民办幼儿园分类管理制度背景下,基于原有发展基础已经形成了比较复杂的办学形式,在经费来源、内部治理模式、教育教学模式等方面既保留了原有的一些发展特点,同时也正在不断尝试探索性的改革与发展方式。总体而言,在涉及办学收入、财务管理、产权结构、课程教学与评价等方面,民办幼儿园分类管理制度的推进正面临着一些挑战。而在相关挑战背后,既包含着营利性和非营利性民办幼儿园的共性需求,也包含着二者的个性需求。因此,未来民办幼儿园分类管理制度的推进以及民办幼儿园的健康有序发展,概括起来即是不同类型民办幼儿园的利益诉求如何满足与调整的问题。对此,本章将从当前我国民办幼儿园分类发展的基本现状入手,对相关发展特点进行概括和梳理,并从分析不同类型民办幼儿园的核心利益诉求出发,探讨应对相关发展挑战的策略和思路。

## 第一节　民办幼儿园分类发展的现状及特点

总体来看,我国民办幼儿园分类发展的格局正在趋于稳定。在最初以普惠性为分类管理标准的民办幼儿园分类发展阶段,普惠性民办幼儿园在发展数量及规模上对非普惠性民办幼儿园的超越就已经在逐渐拉开距离,但随着民办幼儿园分类管理相关制度的出台以及普惠性学前教育发展目标达成期限的临近,两种分类管理标准及相关政策目标的叠加,使得非营利性民办幼儿园尤其是非营利性民办普惠园开始快速替代最初的普惠性民办幼儿园,成为当前我国民办学前教育事业的主要力量。在这样一种背景下,我国民办幼儿园不仅继承了原有的发展经验,同时也延续了一些原有的发展问题。未来要实现良性发展并更好地服务于国家整体学前教育发展战略,我国民办幼儿园面临着必须在办园形式、教育教学模式、保障监管模式等方面进行改革创新的要求。

### 一、民办幼儿园分类发展的主要办园形式

新中国成立以后,我国幼儿园的基本办园形式主要分为日托和全托(又或全日制和寄宿制)。但随着社会经济的发展、民众生活条件的改善,目前全托(寄宿制)幼儿园已经很少,日托(全日制)幼儿园成为主流。在政府和民众对学前教育的重视程度日益增强的情况下,幼儿园的办园形式基于自身的办学性质发生了很大变化。就目前民办幼儿园而言,按照幼儿园资产构成方式,可分为独资办学、合资办学两种形式;按照办学资产属性,可分为混合所有制办学、私有制办学;按照运营管理模式,则可分为集团化办学、独立办学、联合办学等。需要指出的是,按照民办幼儿园分类管理的相关政策,虽然按照上述分类方式,不同的民办幼儿园办园形式之间会存在一定的重合,但包含国有资产的民办幼儿园并不能归属为上述某种办园形式,如混合所有制办学的民办幼儿园只能登记为非营利性民办幼儿园,而不能是营利性民办幼儿园,具体分类见图5-1。结合对国内部分地区实地调研的情况,并基于目前民办教育分类管理的相关政策要求,各类民办幼儿园呈现出不同的发展特点和趋势。

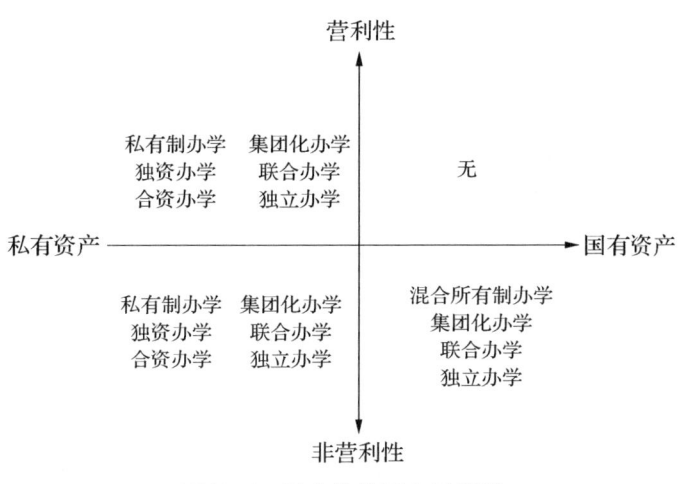

图 5-1 民办幼儿园办园类型

## (一) 独资办学与合资办学各有利弊,但非营利性民办幼儿园将以独资办学为主

独资办学主要是指由个体出资经营、园所归个体所有并控制,并由其独立承担办学风险的民办幼儿园;合资办学是由两个及以上个体、企业或社会组织等共同出资、共同经营、共负盈亏、共担风险的民办幼儿园。目前无论是营利性民办幼儿园还是非营利性民办幼儿园,采用这两种办学形式的都十分普遍。但随着民办幼儿园分类管理政策的推进,这两种办园形式基于相关政策要求,在营利性民办幼儿园和非营利性民办幼儿园中分别呈现出不一样的发展特点和趋势。

就独资办学而言,无论是对于营利性民办幼儿园还是非营利性民办幼儿园,由于其办学风险和收益均由个体承担,在日常经营管理方面的灵活度更高,更愿意在教育教学模式上进行改革创新,对民众的教育需求相对更为敏感。但与此同时,由于个体资本实力的有限,抵抗外部风险的能力较差,面对诸如疫情管控等特殊情况时,无法正常运营导致收支困难、退出办学的情况有很大的发生概率,但这在营利性和非营利性民办幼儿园中有所区别。对于一些独资办学的营利性民办幼儿园,由于保教收费标准采取备案制以及可以对办学结余进行分配,可以凭借前期经营获得较多的办学积累,抵挡外部风险的能力要好于一般的非营利性民办幼儿园。在非营利性民办幼儿园尤其是非营利性民办普惠园中,抵抗外部风险能力差的问题最为突出。如刘颖等研究者调查发现,新冠疫情期间多数普惠性幼儿园都遭遇一定的困难,受财政支持越少的普惠园出现的经营困难越大。① 这其中的普惠园就包含相当一部分非营利性的普惠性民办幼儿园。本研究调查同样发现,社会突发事件对于新建的、正处于收支平衡关键期的非营利性民办普惠园,因疫情导致收入骤减的同时,政府财政补贴有限、日常办学收入受限造成的办学积累不足、资金借贷渠道不畅等都会最终导致幼儿园债务问题恶化,极易处在停办和破产的边缘。

相比较而言,合资办学的非营利性民办幼儿园因经费来源渠道较多,办学资金比较充裕,抵御外部风险的能力相对较好,但由于合资办学按照商业活动的一般思路,还意味着共同经营,因而在办学目标、办学理念等方面需要考虑不同出资者的利益诉求和管理理念,这对民办幼儿园在教育教学等方面能否及时、客观地根据社会需求进行改革和创新产生一定影响,甚至会影响到民办幼儿园能否持续发展。调研发现,合资办学的营利性民办幼儿园和非营利性民办幼儿园,都会面临要协调出资者的利益、维持稳定的办学效益的要求,因此在教育教学上更倾向于引进成熟的课程体系,以尽快将成熟的教育服务"变现"。而在长远发展方面,受到民办幼儿园分类管理等外部政策环境的影响,合资办学的营利性民办幼儿园和非营利性民办幼儿园还会面临出资者对预期收益的不看好而撤资,进而可能导致幼儿园中断办学的风险。

总体来看,民办幼儿园采用独资办学和合资办学各有利弊,但在民办教育分类管理的大背景下,采用独资办学和合资办学的非营利性民办幼儿园则面临着愈加严格的资产监管要求,因此受到的影响也最大。如按照2018年发布的《中共中央国务院关于学前教育深化改革规范发展的若干意见》中的要求:"社会资本不得通过兼并收购、受托经营、加盟连锁、利用可变利益实体、协议控制等方式控制国有资产或集体资产举办的幼儿园、非营利性幼儿园。"对于很多合资办学的非营利性民办幼儿园而言,尤其是基于国有资产兴建的小区配套园而举办的非营利性民办幼儿园,多个出资者合资办学且追求一定的办学收益,起初多数采用的是受托经营、协议控制等经营方式,按照相关政策要求这些经营方式就必须进行调整,而至于后续如何保障出资者的办学利益,目前仍在探索中。相比较而言,独资办学的非营利性民办幼儿园在处理

---

① 刘颖,张斌,虞永平.疫情背景下普惠性幼儿园的现实困境及其化解——基于全国4 352所普惠性幼儿园的实证调查[J].中国教育学刊,2021(6):58-64.

自身利益问题时所受到的经营限制更少,可以根据外部政策环境和自身办学条件做出更多的独立决策,未来将会成为非营利性民办幼儿园的一种主要办学形式。

**(二)私有制民办幼儿园有更多办学选择,但混合所有制民办幼儿园将成为发展主流**

私有制民办幼儿园也可以称之为私有产权结构的民办幼儿园,其区别于国有产权结构的幼儿园(即公办幼儿园)。从目前民办幼儿园产权结构的整体情况看,完全私有制的民办幼儿园很少,大部分民办幼儿园在产权结构上部分资产属于国有或集体所有制,有学者将之称为混合所有制幼儿园。① 由于不同的产权结构意味着要承担不同的法律责任和义务,因此私有制民办幼儿园和混合所有制民办幼儿园在发展方向上呈现不同的特点。

私有制民办幼儿园由于在土地、园舍等核心资产上拥有完全的产权,其在办学方向上的自主性更大。根据是否以营利为目的,民办幼儿园至少有三种办学选择:营利性高收费民办幼儿园、非营利性高收费民办幼儿园、非营利性民办普惠园。② 这三种选择实际上对应三种价值取向:第一种可称之为市场价值取向,即根据幼儿教育市场需求,针对特定高收入群体提供个性化的学前教育服务,以高收费来保证自己获得较好的办学收益;第二种可称之为理想信念取向,即相比于关心幼儿园教育资源能惠及多少幼儿和家长,举办者更关心幼儿园提供的个性化优质教育能否实现办学者的教育理想;第三种可称之为公益价值取向,相比于提供个性化优质教育服务,举办者更关心幼儿园教育资源的惠及群体范围。从学前教育的公益属性出发,后两种办学取向均值得鼓励。尽管目前私有制民办幼儿园很少,但考虑到无论是选择营利还是非营利性,都具有一定的公益性,只是公益性程度不同。理论上,如果政府能够针对私有制民办幼儿园前期在土地、园舍等方面的投入给予适当的补偿或优惠政策,都可以直接降低民办幼儿园的办学成本,不仅私有制营利性

---

① 杨冬梅,王默.发展不同产权结构幼儿园的意义及其分类治理探讨[J].教育与经济,2016(2):61—67.

② 至于为什么不会形成营利性民办普惠园,主要有两个原因:一是根据目前各地相关政策规定,举办成营利性民办幼儿园普遍要求达到省级示范园标准,鉴于办学成本与办学质量一定程度上呈正比,既要盈利还要保证高质量,办学成本无法降低也就无法实现普惠;二是虽然国家政策中未明确说明营利性民办幼儿园不能成为普惠性民办幼儿园,但多数地方政策中明确规定,普惠性民办幼儿园只能是非营利性民办幼儿园,因此营利性民办普惠园本身无法享受普惠性民办幼儿园的优惠政策,办学成本难以得到分担,也就无法实现普惠。

民办幼儿园会受到一定的激励,而且在有关非营利性民办幼儿园的扶持政策及相关权益保障机制进一步落实的情况下,私有制非营利性民办幼儿园势必会获得更多热衷于公益事业的社会资本的青睐。

由于混合所有制民办幼儿园包含了国有资产,按照目前相关政策要求,只能举办成非营利性民办幼儿园。按照《中华人民共和国民办教育促进法实施条例》中的解释,民办学校指由国家机构以外的社会组织或者个人,利用非国家财政性经费,面向社会举办的学校,那么目前很多民办幼儿园实际上均属于混合所有制的民办幼儿园,即由国家机构以外的社会组织或个人投资,但所占用的土地、园舍等部分资产属于国有资产,如城镇小区配套园、转制民办幼儿园等。以小区配套园为例,根据现有相关政策,如《中共中央国务院关于学前教育深化改革规范发展的若干意见》中规定,小区配套园只能举办成公办幼儿园或非营利性幼儿园,而小区配套园最明显的产权特征是园舍是以政府划拨土地的方式建设的。如果小区配套园由民间资本参与举办成非营利性民办幼儿园,则必然属于一种成本分担的混合制幼儿园。① 除此之外,目前还存在部分由国有企事业单位附属幼儿园转制形成的民办幼儿园,这部分民办幼儿园产权结构中诸如土地、园舍等部分资产属于国有或集体资产,通过转制引入社会资本后成为自负盈亏的民办幼儿园。按照分类管理的要求,这些民办幼儿园同样属于混合所有制的非营利性民办幼儿园。总体而言,混合所有制的非营利性民办幼儿园充分调动了各种社会资源,对于学前教育发展具有强大的推动作用。同时,按照目前我国对幼儿园办学用地的供给方式主要通过小区配套园的规划与建设来实现,混合所有制的非营利性民办幼儿园未来势必成为主流。

**(三)集团化办园未来发展逐渐受限,独立与联合办园亟待得到政策性指引**

集团化办园是目前比较普遍的一种民办幼儿园办学形式,主要是由若干所幼儿园组成幼儿园共同体,发挥龙头园的示范效应,同时在幼儿园共同体内执行统一的教育理念、管理制度、评价标准,实现各种软硬件资源的共享。目前国内存在众多幼教集团,各集团旗下都拥有各种类型的民办幼儿园。以红黄蓝教育集团为例,该集团拥有近400所幼儿园遍布全国,办学类型涉及小

---

① 余晖.小区配套幼儿园产权之争背后的博弈[N].中国教育报,2012-10-14.

区配套普惠园、高端营利性民办幼儿园等。与独立办园和联合办园的民办幼儿园相比,集团化办园由于能实现资源共享,在扩大优质教育资源、节约办园成本、抵抗外部风险方面具有很大的优势。[①] 但集团化办园并非没有风险,优质教育资源过度集中就有可能产生垄断,规模效益会激励投资者追求更高的收益,而这会逐步损害教育的公益性。有关国外集团化办园的研究就指出,幼教集团达到一定规模,为了获得更多的利益,会产生"权力寻租"、逃避监管、忽视保教规律等"道德风险"。[②] 我国目前有关非营利性民办幼儿园发展的相关政策,规定非营利性民办幼儿园不能取得办学收益,且今后将大力支持发展普惠性民办幼儿园,这基本上关闭了集团化办园通过承办小区配套园等方式营利的渠道。从获得稳定的经济效益的角度讲,集团化办园整体转向非营利性的可能性很小,因此可以预见未来集团化办园的发展规模和速度会急速减小。

相比较之下,独立办园或联合办园由于在经营管理上没有与其他机构的隶属关系,因此在经营管理上拥有更多的办学自主权。独立办园无论是独资或合资或混合所有制,举办者相对而言都是独立决策、自负盈亏,而联合办园则只是在办学理念、资源共享等方面进行合作,彼此只承担有限责任,日常运行也都是独立决策、自主管理。独立办园和联合办园虽然抵抗外部风险的能力相对较弱,但面对民办教育分类管理的要求,"船小好调头",更容易基于自身优势调整发展战略。随着我国政府对非营利性民办幼儿园的常规扶持和补偿政策的日益完善,采取独立办园或联合办园的非营利性民办幼儿园,由于办学更为灵活且办学风险更加可控,办学权益更容易明确,势必会成为民办幼儿园发展的主要形式。不过独立办园或联合办园在共享行业发展经验、获得外部系统支持与保障等方面仍有很大的改进空间。调研发现,由于非营利性民办幼儿园尤其是非营利民办普惠园受到民办教育分类管理政策的影响最大,无论是采用独立办园或联合办园,出于对未来发展政策环境的关注,在管理经营、办学模式等方面的交流较多,如在一些地区自发形成的民办幼儿园行业联盟中,能够自发展开行业信息交流、观摩学习的民办幼儿园,往往以独立办园或联合办园的非营利性民办幼儿园尤其是普惠性民办幼儿园居多。但在真正的行业资源整合、共享方面,独立办园相比于联合办园的合作

---

① 李卓,罗英智.幼儿园集团化发展的形态、矛盾及其消解[J].现代教育管理,2017(11):47-51.
② 刘颖.市场化与集团化对学前教育普惠和质量的挑战:英国的案例[J].外国教育研究,2019(4):18-30.

要更少。这在独立办园的营利性民办幼儿园中表现得尤其明显。

## 二、民办幼儿园分类发展的教育教学模式

目前我国幼儿园教育教学在教育目标、教育策略、教育内容等方面主要受到《幼儿园教育指导纲要(试行)》《3—6岁儿童学习与发展指南》《幼儿园保育教育质量评估指南》等政策文件的指引,但这些政策文件更多的是一些原则性的规范和要求,具体到课程内容大纲、评价指标体系等,仍有待进一步细化操作方式和流程。一般认为,相关政策文件对幼儿园课程教学的具体要求能否实现,受到教师自身的教育教学经验、幼儿园的外部发展条件、内部管理制度等的影响,最终不仅会体现在幼儿园课程教学变革中[①],也会体现在科学的幼儿园课程理念的落实中。[②] 从目前我国民办幼儿园分类发展的实际情况来看,除了继承了一些原有的教育教学模式,在面对新时期民办幼儿园分类管理的相关政策要求时,在多种内外部发展因素的影响下,已经形成了一些固定的教育教学模式,但其中也存在不少问题。

### (一) 本土课程园本化教学模式亟待巩固提升

所谓本土课程园本化的教学模式,即参考、借鉴国内行业领域主流的学前教育课程理念及教学方式,从中选择适合自身实际情况的课程内容、思路和方法,开发园本课程并加以实践的模式。目前在民办幼儿园课程建设过程中可供借鉴的课程理念,除了来自前文谈到的相关国家政策文件,如《3—6岁儿童学习与发展指南》等,还包括在实践领域中具有一定社会影响力和专业影响力的本土化教育教学模式及理念,如"安吉游戏"。不过调查发现,在对本土课程理念进行借鉴和学习、推进园本课程建设方面,营利性民办幼儿园与非营利性民办幼儿园体现出比较明显的差异:相比于营利性民办幼儿园,非营利性民办幼儿园尤其是非营利性民办普惠园对国家有关幼儿园课程教学的政策文件精神更为关注,不仅对国家相关政策文件中强调的诸如"重视儿童游戏""强调儿童主动建构学习"等的教育理念十分认同,而且对目前业内比较流行的主流教育理念也比较了解,多数幼儿园都在努力将主流教育理

---

① 严仲连.幼儿园课程实施适应取向的内涵、特点及影响因素[J].学前教育研究,2010(2):27-32.
② 马春玉.与幼儿发展连接:幼儿园课程理念落实的关键[J].学前教育研究,2020(4):93-96.

念与园本课程实践相结合。而营利性民办幼儿园在园本课程建设方面,对本土课程经验的借鉴和学习相对较少,而对外来课程本土化实践的相关内容比较关注。

需要指出的是,调查也发现,非营利性民办幼儿园对本土课程之所以更加关注,与幼儿园自身教师队伍结构及整体专业素质有较大关系。从国内学者对我国民办幼儿园园长及一线教师的整体专业素养进行调查的结果看,不仅大量民办幼儿园园长专业背景未达到国家标准,教学领导素养也比较薄弱[1],而且一线教师整体专业素质也不容乐观。[2] 从与部分非营利性民办普惠园园长及教师的交流中了解到,受教师自身专业素质影响,从接受与转化能力来讲,幼儿园管理者和教师对于更具本土文化语境的课程教学理念普遍更愿意接受并且认为容易理解和操作。

### (二)外来课程园本化教学模式有待系统转化

所谓外来课程园本化的教学模式,即参考和借鉴的课程理念、课程内容乃至课程实施及评价标准等均来自国外的相关课程模式,引进以后再结合幼儿园自身条件,幼儿园管理者及一线教师根据自身的理解来创设的课程教学模式。目前国内民办幼儿园引进和借鉴的外来课程教学模式比较多,常见的有蒙台梭利教育、华德福教育、方案教学、高瞻课程等。这些课程模式一般都有比较体系的参考用书和教学材料,但不同的课程教学模式对教师专业素质及教育资源的要求不同,对其进行园本化改造以适应幼儿园自身发展要求,成为大部分民办幼儿园需要解决的主要问题。调查发现,无论是营利性民办幼儿园还是非营利性民办幼儿园,在对各种外来课程园本化方面,对于诸如蒙台梭利教育、高瞻课程等体系化、结构化程度较高的一类课程,由于相关教学用书、配套玩教具比较丰富,对幼儿园教师吸收、转化的要求较低,因此得到大部分民办幼儿园青睐;而诸如方案教学、华德福教育等课程模式因对教师专业素质、课程意识等要求较高,一般只有发展基础较好、教师队伍整体素质较高的幼儿园会选用。总体来看,目前民办幼儿园无论选用哪一类课程模式,一般都会对其进行一定的园本化改造,虽然这种改造有时候只是一线教

---

[1] 洪秀敏,魏若玉,缴润凯.民办幼儿园园长专业素养的调查与思考[J].现代教育管理,2019(1):41-46.

[2] 王默,洪秀敏,庞丽娟.聚焦我国民办幼儿园教师队伍的发展:问题、影响因素及政策建议[J].教师教育研究,2015(3):36-42.

师自发的探索,但多数由上至下从课程管理到教学实践的园本化课程改造过程,经常呈现出"混搭"的特点,即在对外来课程体系的课程内容等进行有限补充和删改的基础上,将外来课程放到幼儿园一日课程活动中的某些环节单独实施,而不是将其贯穿到幼儿园一日教学活动中。如在一些营利性民办幼儿园和非营利性民办幼儿园都观察到,有专门的蒙氏课程环节或方案活动环节,而在此之外则另外实施幼儿园自行研发和引入的其他课程,课程之间的衔接和关联性都比较弱。概括起来,无论是营利性民办幼儿园还是非营利性民办幼儿园,在对外来课程的引入、吸收、园本化方面都普遍存在错误解读与运用、系统转化程度不高等问题。

### (三)外来课程与本土课程相融合需契合国家政策

目前不少民办幼儿园还尝试结合外来课程与本土课程的优势,将其中所蕴含的核心教育理念渗透到幼儿园日常教育教学中,最终形成具有自身办学特色的园本课程体系。总的来看,外来课程自身存在的问题是幼儿园对其进行本土化要解决的首要问题,如蒙台梭利教育本身对体育、艺术等活动缺乏足够的关注,与我国注重幼儿全面发展的学前教育理念相悖[1],而高瞻课程在教育理念及评价体系中又包含明显的文化差异,在实践中只注重形式上的运用很难发挥其应有价值。[2] 虽然一些优秀的、主流的本土课程本身就包含着对众多外来课程理念的汲取和应用,但考虑到我国地区差异比较大,幼儿园在借鉴本土课程时,仍需要回归到课程的本质,分析和总结其中的教育理念并进行园本化改造。

初步调查发现,目前不少民办幼儿园都在努力通过融合外来课程与本土课程来构建自己的园本课程,但实践效果受民办幼儿园自身教师队伍素质、教研管理制度、可利用资源等多方面因素的影响。一些在外来课程和本土课程融合上做得比较好的民办幼儿园,普遍具有一支结构稳定、专业素质较高的师资队伍,且幼儿园日常教研及相关管理制度比较完善,园本课程建设经验也比较丰富,因此在课程融合过程中逐渐形成了具有自身鲜明办学特色的课程体系。如调查的某所非营利性民办幼儿园虽然开园仅三年多,但凭借拥有一支专业的管理队伍和教师队伍,积极引进国外"森林教育"课程体系,同

---

[1] 邓祎,罗岚,杜红春.蒙台梭利教育本土化的探索[J].学前教育研究,2016(7):64-66.
[2] 张琴秀,周潘伟.高宽课程一日常规本土化的"症状"分析[J].陕西学前师范学院学报,2018(10):108-111.

时结合本土游戏化课程实施理念,对"森林教育"强调的回归人性、亲身体验的理念进行本土化改造,对其中幼儿与自然界互动的方式进行调整,逐渐形成了以"森林教育"为特色,强调幼儿亲身参与、动手探索、与自然和谐共处的一些教育教学模式和丰富成熟的教育案例。

总体来看,目前无论是营利性民办幼儿园还是非营利性民办幼儿园,由于发展基础不同,课程融合的实际效果也有明显的差异,但都存在一个共性问题,即在引入外来课程与本土课程融合的过程中,在有关课程内容实施大纲及相关要求方面,与公办幼儿园普遍忠实执行"五大领域"课程实施理念相比,更多体现的是幼儿园自身在课程设计和内容选择方面的独特理解和认识,因此在课程内容安排上有"厚此薄彼"的情况,比如过多注重幼儿操作练习、问题解决,而轻视社会领域的人际交往等,或者课程内容多以"五大领域"某个领域为主,其他领域的相关课程安排则偏少等。这会导致民办幼儿园实际办学效果与国家对学前教育发展的基本要求相偏离,因此民办幼儿园在对外来课程与本土课程融合过程中,仍需要进一步注意对既定学前教育政策的贯彻与执行。

### (四)民办幼儿园现行教育教学模式存在的主要问题

概括起来,尽管目前整个民办幼儿园现行教育教学模式十分多元,在园本课程内容选择、目标定位、教学形式创新以及教育教学评价等方面都取得了不少的成果,但从最终的教育教学实施情况看,仍普遍存在一些共性的、有待进一步通过相关制度建设加以纠正的问题。

#### 1. 教育教学内容庞杂,内容的体系性和完整性不强

学前教育对象的特殊性,决定了幼儿园教育活动强调幼儿通过亲近自然、直接感知、实际操作、亲身体验等方式进行学习探索,并注重"五大领域"各领域内容的相互渗透,同时也注重幼儿学习经验获得的系统性和完整性。基于此,对照当前民办幼儿园日常教育教学的基本情况看,营利性民办幼儿园和非营利性民办幼儿园都存在一些有待改进的方面。

对于非营利性民办幼儿园而言,日常教育教学内容虽然均会涉及五大领域,但总体呈现两种教育倾向,使得相关教育教学内容在体系性和完整性有所欠缺:一是体现出将"五大领域"的教学内容分科化的倾向,在教学内容选择与安排上强调简单的平均分配,通常以教学周为单元,按照学科教学的思路,各领域每周安排相同固定时长的教学内容。这种安排忽略了领域渗透在

推动儿童全面发展方面的作用，导致在固定时长内很难完成相应的教学内容，割裂了内容的完整性和连续性，无法充分实现各领域的教育目标。二是为体现某种教育教学特色，过多关注某些领域的教学内容安排，导致其他领域的内容安排不够，无法实现全面发展的目标。如有的非营利性民办幼儿园以蒙台梭利教育为特色，为突出蒙氏教育特色，引入相关理念和全套教学材料后，主要关注幼儿学习任务的完成，但对幼儿合作、人际交往等社会性的发展缺乏关注。

对于营利性民办幼儿园而言，主要问题则是不太关注国家对幼儿园教育"五大领域"的要求，日常教育教学内容与相关要求结合较少，主要按照引进的外来课程实施思路以及结合举办者自身教育理念来构建相应的课程体系并组织教学。虽然相关课程教学内容可以分别归入"五大领域"，但在具体实施环节，主要执行自身擅长的领域教学，在教学内容、方法策略、评价方式与标准等方面，与我国《幼儿园教育指导纲要（试行）》《3—6岁儿童学习与发展指南》等政策文件中的相关要求有较大差异。在对外来课程引入和运用上，同样面临与非营利性民办幼儿园相似的问题，虽然沿用了外来课程模式的优势，但同时也继承了外来课程的缺点，尤其是幼儿培养目标不够全面的问题比较突出。

### 2. 教学形式相对单一，"小学化"问题比较突出

目前我国幼儿园教育"小学化"问题依然是业内关注的重点，具体涉及教育目标的定位、教育内容的选择、教学方法的使用等各个方面。不过相比较而言，从贯彻国家有关幼儿园教育"小学化"问题治理政策的难度来看，有关幼儿园教学方法与形式方面的"小学化"问题的治理最为困难。实地调研发现，"小学化"问题在营利性民办幼儿园和非营利性民办幼儿园都存在，但相比之下非营利性民办幼儿园尤其是非营利性民办普惠园由于受到政府教育部门较多的监管，幼儿园教育"小学化"问题开始有较大的改观。具体而言：就非营利性民办幼儿园而言，目前一些普惠性民办幼儿园虽然在教育教学目标定位、教学内容选择上注意去淡化"小学化"的教育元素，但在具体教学过程中，教学方法和形式相对单一，轻视幼儿亲身体验和建构性学习的情况仍然存在。在诸如语言教育、数学教育等包含较多抽象知识经验的学习领域，主要采用行为主义教育理念，利用识字卡片、图文结合的数字演示等方式，集中对幼儿进行专门的文字书写、数字运算等训练。这种对教学目标和教学内容中的"小学化"教育元素做"减法"，却忽视教学方法与形式"小学化"的教育

倾向,仍有待纠正。而从部分营利性民办幼儿园调研的情况看,由于在办学定位上的市场化导向比较突出,其高端、高收费的定位并不代表着高质量,一些营利性民办幼儿园的"小学化"问题反而比较突出,存在专门为迎合家长"幼升小"的需要,不仅提前进行小学课程内容的传授,而且以"小学化"教学方式上开展教学的情况。总的来看,营利性和非营利性民办幼儿园教育"小学化"问题的成因有所不同,从外部管理制度优化的角度对其进行纠正时,应根据不同的问题成因制定针对性的措施。

3. 教学评价工作不规范,缺乏对幼儿的全面评价

民办幼儿园教育教学评价一般与其课程建设与实施相匹配,而鉴于民办幼儿园课程建设情况比较复杂,实际的教学评价工作也存在很大差异。目前可为幼儿园评估自身办学质量与教学水平提供参考的政策文件主要是《幼儿园教育指导纲要(试行)》《3—6岁儿童学习与发展指南》以及《幼儿园保育教育质量评估指南》,但这三份政策文件并不能作为评价指标体系直接使用,在实际运用中需结合幼儿园教育实践进一步细化和拓展。调研发现,目前民办幼儿园在贯彻国家政策文件精神进行教学评价方面普遍存在以下两种情况:一是不刻意参考国家相关政策文件,而是自行另设相应的教学评价指标体系,相关评价指标有时会有配套的课程体系。如目前在不少营利性和非营利性民办幼儿园中都在普遍使用美国高瞻课程或蒙台梭利课程及相配套的评价指标体系,但这些评价体系并不完全对应着我国"五大领域"教学活动的相关要求。二是尽管参考国家相关政策文件来组织幼儿园自己的教学评价工作,但存在直接套用政策、缺乏深度转化的问题。如一些非营利性民办幼儿园将《3—6岁儿童学习与发展指南》中的相关要求视为幼儿发展的主要目标,以此来组织和评估幼儿园的教学活动,但实际操作时未能基于具体教学活动进一步细化相关评价目标,或者是将《3—6岁儿童学习与发展指南》中某个领域的要求套用在所有相关教学活动评价上。由于缺乏进一步的细化,这种评价方式很难为教师改进教学、促进幼儿发展提供充分保障。

总体来看,上述两种教学评价方式在营利性和非营利性民办幼儿园都有不同程度的体现,但也有一定差别。营利性民办幼儿园因主要采取市场化导向的办学方式,在幼儿园课程体系选择与运用方面更注重市场需求,因此采用外来课程并沿用相关配套教学评价体系的情况比较多;而非营利性民办幼儿园尤其是非营利性民办普惠园由于近些年受到政府针对性的宏观调控较

多,在很多地方被对标公办幼儿园进行管理,因此在课程体系建设以及教学评价等方面,普遍重视对国家政策的贯彻和落实。

## 三、民办幼儿园分类发展的保障监管方式

由于营利性民办幼儿园与非营利民办幼儿园具体承担的公共责任和义务不同,决定了其各自按照国家相关政策法规要求,在日常运行管理的各个方面所采取的保障和监管措施也不尽相同。从关系民办幼儿园发展质量的各个环节和要素入手,不同民办幼儿园为实现自身办学目标而采取的相关保障监管方式,主要涉及经费使用、日常保教质量、办学收入、规范招生、教师建设等几方面。

### (一)关于经费使用的保障监管

营利性民办幼儿园与非营利性民办幼儿园在办学经费使用方面最大的区别是,非营利性民办幼儿园不允许对办学结余进行分配而是需要将其全部用于办学,这是基于不同类型民办幼儿园的公益性职能定位而做出的规定。由此出发,相对应的不同类型民办幼儿园应如何规范使用办学经费以更好地实现其既定功能,成为相关制度设计的一个基本出发点。从目前相关保障监管制度建设的情况来看,营利性民办幼儿园被视为基本等同于公司或企业而提出相关制度建设要求,而非营利性民办幼儿园则被视为基本等同于公办幼儿园而提出相关制度建设要求,因此双方在具体的制度建设和执行方面自然存在着一定差异。

从民办幼儿园根据相关政策要求构建和执行的内部经费使用保障监管制度看,营利性民办幼儿园与非营利性民办幼儿园面对一些共同的外部制度要求,基本上能够构建起相应的管理制度。如按照新修订的《民办教育促进法》《国务院关于鼓励社会力量兴办教育促进民办教育健康发展的若干意见》《中共中央国务院关于学前教育深化改革规范发展的若干意见》等相关政策法规的要求,民办幼儿园要依法建立各种内部财务制度,包括规范的财务和会计制度、资产管理制度、年度财务制度、决算报告和预算报告制度、第三方审计制度等。调查发现,目前各类民办幼儿园都能够根据相关基本的财务制度建设要求制定相关制度,但在实际执行层面存在一定的差异。相关差异与民办幼儿园办学类型没有必然联系,而是主要受到办学规模、自身资产情况

等因素的影响,在具体的财务管理制度建设以及人员配备方面存在差异。总体上,民办幼儿园现有的内部财务制度建设主要以满足自身办学决策和发展需求为主,但对自身资产情况进行清查并向社会定期公布的制度却落实不够,同时在内部经费使用和财务管理方面中也存在一些不规范的现象,如一些小型非营利性民办幼儿园出于办学成本考虑,实际上并没有配齐专职的财务人员,而是聘用兼职的专业财务人员定期集中处理相关财务工作。

另外从执行外部财务监管制度的实际情况看,营利性民办幼儿园和非营利性民办幼儿园各自需要执行的相关制度要求以及具体执行过程也存在一定差异。如按照《民办教育促进法实施条例》中的相关要求,非营利性民办幼儿园日常办学收入、资金往来不仅要使用在教育部门备案的账户,即所谓的"专款专户",而且与利益关联方产生的相关交易要接受教育部门、人力资源社会保障部门等的监管;而营利性民办幼儿园办学收入则需在银行建立专门账户,对收费标准和项目按规公示,对办学收入在年度结算后的办学结余依法进行分配,不得抽逃注册资金等。不难看出,我国相关政策法规实际上对非营利性民办幼儿园经费使用与分配的过程性监管更为严格,尤其强调政府行政部门的直接介入。而在具体执行过程中,由于受政府行政介入的程度不同,营利性民办幼儿园和非营利性民办幼儿园所承担的管理压力以及面临的挑战也有较大差异。如民办幼儿园普遍对于第三方审计制度、风险保证金制度都能够顺利配合与执行,但一些办学规模小、收费低、资金实力薄弱的非营利性民办幼儿园尤其是普惠性民办幼儿园,对于地方政府要求缴纳的风险保证金数额会有异议,有的民办幼儿园为了避免风险保证金、专款专户政策等对其办学初期资金使用造成干扰,存在逃避监管的行为。此外,在一些地区如上海等地除了依靠第三方会计师事务所出具的财务会计报告来判断非营利性民办普惠园的财务状况外,教育部门还会定期组织人员入园进行财务审计。

### (二)关于保教质量的保障监管

民办幼儿园保教质量的保障监管主要包括两方面:一方面是通过幼儿园自行组织内部自评机制实现保教质量的保障监管,另一方面是由教育部门和其他专业机构组织的外部评价机制实现保教质量的保障监管。目前的基本情况是,无论是营利性民办幼儿园还是非营利性民办幼儿园,在保教质量监管方面都面临着一些共同的挑战。

一方面,目前民办幼儿园自行组织的内部自评标准和评估方式差异很大。调研发现,民办幼儿园在保教质量的自我评估标准、方式、内容等方面的差异,主要表现为评估目标及重心不同,且没有遵循相对统一的评估理念。有的民办幼儿园基于自身课程教学体系中配套的评价指标,重点关注的是幼儿发展状况评价,并将相关评价结果作为衡量整个幼儿园办学质量的重要指标;有的民办幼儿园则重点关注幼儿园常规管理事务的执行情况,重点对教师履职情况、常规工作的完成度等进行评估,以幼儿园各项内部事务是否有序、正常运转作为衡量幼儿园保教质量的重要指标;还有的民办幼儿园重点关注课程教学体系的实施,重点对园所课程内容及相关教学工作开展的情况进行量化评价,如形成了多少活动教案、完成了多少教学任务等。尽管不少民办幼儿园可能会同时从上述几方面进行自我评价,只是侧重点有所不同,总体上不少民办幼儿园还无法做到可以通过规范的内部自评,来实现对自身办学质量和发展问题进行全面、客观的评估。需要指出的是,近些年由于非营利性民办普惠园受到政府更多的支持和监管,在园所自我评价方面开始根据相关政策要求努力构建规范的自评标准和机制。

另一方面,针对民办幼儿园保教质量的外部保障监管机制正在逐步完善,但各地区在管理督导水平上有较大差异。目前适用于民办幼儿园保教质量评估的政策及相应的监管机制较多,国家层面除了有《幼儿园工作规程》《县域学前教育普及普惠督导评估办法》《幼儿园责任督学挂牌督导办法》《幼儿园办园行为督导评估办法》《学前教育督导评估暂行办法》《幼儿园保育教育质量评估指南》等,地方政府层面也有相应的督导评估政策。不过总体来看,目前对民办幼儿园保教质量的督导评估主要靠政府行政推动,由教育等相关行政部门直接承担和完成,真正贯彻管办评分离理念,依托第三方机构对民办幼儿园进行常态化、规范化的督导评估还在探索中。依靠行政推动的督导评估机制,主要是由教育部门按照相关政策要求,在自身职能范围内对民办幼儿园进行办学等级评估与保教工作督导。如在一些经济发达、社会治理能力较强的地区如上海,依靠区教育部门督导室和片区督导相结合的方式,能够实现对区域内民办幼儿园保教质量实现定期督导评估。不过总体来看,目前针对民办幼儿园的督导监管机制依然存在着监管评价职责分工不清、监管方法不科学、监管人员缺乏等问题。[①]

---

① 秦涛,吴义和.民办幼儿园政府依法监管的困境与出路[J].湖南师范大学教育科学学报,2019(1):34-42.

### (三) 关于办学经费的保障监管

保教费作为民办幼儿园日常办学经费的主要来源,同时又与幼儿家长的教育负担直接相关。民办幼儿园基于自身办学目的,在维持必要的保教费收费标准以满足自身办学需求的同时,还要考虑家长的教育消费能力与教育需求。在具体决策过程中,不同民办幼儿园在办学经费保障方面受到不同制度规制,进而体现出不一样的发展路径。

对于非营利性民办幼儿园而言,由于其具有较强的公益性,在办学经费方面主要受到两种政策的影响:一是收费限价政策,二是财政补贴政策。具体而言,一方面,根据《中共中央国务院关于学前教育深化改革规范发展的若干意见》等相关政策要求,非营利性民办幼儿园收费标准由省级政府制定,收费行为则由价格、财政、教育部门根据职责分工管理,但从目前相关政策的具体执行情况看,主要关注的是非营利性民办幼儿园中的普惠性民办幼儿园,各地普遍对普惠性民办幼儿园执行政府指导价(即限价),执行标准主要参考当地公办幼儿园收费标准,对非营利性民办非普惠园则采取市场调节价。如天津市规定非营利性的非普惠性民办幼儿园收费标准采取市场调节价,但普惠性民办幼儿园收费标准按教育部门认定的等级最高不超过 1 590 元/生·月[①];上海闵行区规定普惠性民办幼儿园的保教费为不超过 3 000 元/生·月[②];北京市则要求普惠性民办幼儿园收费项目和标准不高于同级公办幼儿园政府指导价,即不高于 900 元/生·月。[③] 同时,各地普遍禁止非营利性民办普惠园以举办兴趣班、特长班和实验班等方式另行收费。对于非营利性民办幼儿园的违规收费行为,也主要由价格、财政、教育等部门进行纠正和处罚。另一方面,对非营利性民办幼儿园的财政补贴实际上区分了非营利性民办非普惠园和非营利性民办普惠园。总体来看,各地制定的适用于所有非营利性民办幼儿园的财政补贴政策如税费减免、土地划拨等政策,也适用于非营利性民办普惠园,但除此之外,非营利性民办普惠园还可以享受针对普惠性幼儿园的各种财政补贴政策,如生均补贴、一次性奖励、专项补贴等。但

---

[①] 津发改规〔2018〕8 号.关于本市民办幼儿园收费管理有关问题的通知[S].天津:天津市发改委,2018.

[②] 闵教字〔2021〕26 号.闵行区普惠性民办幼儿园认定和管理办法[S].上海:上海市闵行区教育局,2021.

[③] 京财教育〔2017〕2566 号.北京市市级财政支持学前教育事业发展补助资金管理使用实施细则(暂行)[S].北京:北京市教委,北京市财政局,2017.

是,各地在具体财政补贴执行标准和力度上有较大差异。如天津市针对普惠性民办幼儿园的生均财政补贴为每生每年不超过 4 400 元①,非营利性民办幼儿园租用住宅小区配套公共设施办园实行免租金政策,租用非公建房屋办园由区财政给予房租补贴②,但上海市则规定普惠性民办幼儿园租赁教育局园舍(场地)办园可以适当减免租赁费用;北京市针对普惠性民办幼儿园的生均财政补贴为每生每月 1 000 元。③ 总体来看,非营利性民办幼儿园尤其是非营利性民办普惠园的办学经费十分依赖于政府补贴,尤其是在保教收费限价且办学收入总体有限、但物价水平不断提升的情况下,政府财政补贴力度直接关系到非营利性民办幼儿园的办学质量和可持续发展。

对于营利性民办幼儿园而言,对其办学经费的保障主要采用的是市场化手段,现有政策允许其根据办学成本自主核定保教收费标准,实行市场调节价,但与此同时要接受物价等部门的监管。但需要指出的是,尽管营利性民办幼儿园的常规经营收入中的主要构成部分保教费收入得到了相应的政策保障,但是在企业经营活动中常见的股市融资手段被明令禁止。其内在逻辑是,尽管营利性民办幼儿园是以营利为目的,但是其仍具有一定的公益性,要避免股市风险传导至幼儿园教育而损害民众利益,就有必要对其营利方式进行控制。基于这一逻辑,相关政策规定营利性民办幼儿园如果参与并购、加盟、连锁经营,则要将与相关利益企业签订的协议报县级以上教育部门备案并向社会公布。这同样也是为了预防营利性民办幼儿园因过度逐利而盲目扩大经营规模有可能导致办学经费不足,进而引发办学风险,损害民众利益。

### (四)关于规范招生的保障监管

招生收费是民办幼儿园维持办学、可持续发展的根本,尽管我国现有政策法规强调民办幼儿园拥有招生自主权,如《民办教育促进法实施条例》中的规定:"实施学前教育、学历教育的民办学校享有与同级同类公办学校同等的招生权,可以在审批机关核定的办学规模内,自主确定招生的标准和方式,与公办学校同期招生。"但具体执行过程中对营利性民办幼儿园和非营

---

① 津教政〔2019〕12 号.天津市普惠性民办幼儿园生均经费补助项目和资金管理办法[S].天津:天津市教委,天津市财政局,2019.
② 津党发〔2019〕12 号.天津市人民政府关于学前教育深化改革规范发展的实施意见[S].天津:天津市人民政府,2019.
③ 京财教育〔2017〕2566 号.北京市市级财政支持学前教育事业发展补助资金管理使用实施细则(暂行)[S].北京:北京市教委,北京市财政局,2017.

利性民办幼儿园的招生活动有着不同的保障监管要求。对非营利性民办幼儿园（尤其是普惠性民办幼儿园）招生活动的政策规定要显著多于营利性民办幼儿园。

针对非营利性民办幼儿园的招生活动的保障监管要求，突出的是公益取向和行政取向，主要服务于满足民众对公平、普惠、优质的学前教育服务的需要，因此除了对收费标准有要求，再就是对其招生对象也有一定限制，以确保其招生标准和方式与提供公平且有质量的教育服务的办学目标相匹配。需要指出的是，目前各地对非营利性民办幼儿园招生采取行政命令、财政激励等多种组合手段，限制其招生标准和方式，主要针对的是非营利性民办普惠园。在一些教育资源紧张的地区，以小区配套园为基础建设的非营利性民办普惠园，一般被要求只能面向特定区域的幼儿提供普惠性学前教育服务，并以此来确定幼儿园的生均财政补贴。如上海市闵行区的"小区生"政策，按"小区生"占园内儿童的比例来对民办幼儿园进行补贴，"小区生"占比越高，补贴力度越大。[①] 而在其他多数地区采取的是"大水漫灌"式的补贴方式，只要愿意向民众提供普惠性学前教育服务，即按实际在园幼儿数给予生均补贴，并没有明确的招生范围限制。

针对营利性民办幼儿园招生活动的保障监管要求，主要是承认其营利取向和市场取向的招生方式。营利性民办幼儿园除了要遵守相关政策法规，确保招生工作的公开、透明、真实、公平，没有招生范围限制，在一定地区仅要求原则上就近入学招生。现实中，对于多数营利性民办幼儿园而言，其主要服务群体也是邻近地区适龄幼儿，其可以根据区域内幼儿园教育资源布局、幼儿家长教育需求和自身办学水平，自主选择向特定幼儿群体提供一定收费标准的教育服务，实现自身发展与营利的目的。

总体来看，目前非营利性民办幼儿园和营利性民办幼儿园在规范招生方面还存在一些共性的需要改进的内容。目前大部分地区都明确规定民办幼儿园不允许设定入园考试门槛，变项测试家长、挑选学生，不允许以特色班、兴趣班等吸引招生等，但在现实中不论是非营利性民办幼儿园还是营利性民办幼儿园，变项测试家长、挑选学生、以办学特色吸引招生的情况依然比较普遍，原因也比较复杂。调查发现，在变项挑选家长、学生方面的一个共同原因

---

[①] 闵教字〔2021〕26号.闵行区普惠性民办幼儿园认定和管理办法[S].上海：上海市闵行区教育局，2021.

是，从幼儿园管理的角度出发，选择能够与幼儿园理性沟通、自觉配合幼儿园工作的家长和没有特殊不良习惯及身心问题的幼儿，以此避免后续的家园纠纷并降低管理风险。而在吸引招生方面，不少非营利性民办幼儿园中的普惠性民办幼儿园受政府对招生范围与收费标准控制的影响，加之政府财政补贴不到位，会出现以"一园两课"、两种课程模式对应两种收费标准的方式来变项挑选学生，以此来提高办学收入；营利性民办幼儿园以办学特色等吸引学生则单纯是一种市场行为，即通过吸引尽可能多的学生来获得营利。对于非营利性民办幼儿园的招生规范问题，一些地方政府在自身财力不足、难以补贴到位的情况下，往往倾向于持默认态度，既不制止，也不鼓励，试图在维持非营利性民办幼儿园生存发展与扩大普惠性学前教育资源之间实现平衡；而对于营利性民办幼儿园的招生规范问题，在没有因虚假宣传而受到民众投诉、举报的情况下，则一般被默认为是一种合理的商业行为。

## 第二节 民办幼儿园分类管理与支持制度推进面临的主要挑战

在民办幼儿园分类管理制度框架下，民办幼儿园分类发展所呈现的诸多发展特点中也包含着一些发展困难。这些发展困难中有的属于民办幼儿园发展转型的"阵痛"，但有的则属于民办幼儿园长远发展必须解决的根本问题。对民办幼儿园和政府而言，相关发展困难也意味着必须直面的挑战，而有效应对挑战的根本，还是要归回到对各类民办幼儿园合理发展利益诉求给予及时和有效的回应上。从政府管理的层面讲，未来民办幼儿园要健康、有序发展，不仅要从教育资源配置上改变原先不合理的利益分配格局与方式，对民办幼儿园而言，也要重新定位自身办学目标，基于民办教育分类管理的基本原则和思路，在关系自身发展质量的诸多教育要素层面，开展新的探索和尝试。对此，找准当前民办幼儿园分类发展过程中面临的发展症结，优先解决最核心的利益问题，指导各类民办幼儿园规避主要的办学风险，自然成为当前相关制度探索的基本选择。

### 一、民办幼儿园分类管理制度推进的现实基础

在当前民办教育分类管理背景下，我国民办幼儿园发展机遇和挑战并

存，对于民办幼儿园自身而言，迫切需要基于以往办学经验及相对成熟的办学模式，重新定位自身发展并自觉实现发展转型，才能有效应对来自民众和政府的一系列发展要求。按照民办幼儿园分类管理的相关要求，营利性和非营利性民办幼儿园分别要在实现国家学前教育发展整体战略目标中发挥不同作用。其中，对非营利性民办幼儿园而言，其所承担的办学义务以及发展方式的要求，是成为扩大普惠性学前教育资源的重要力量，而营利性民办幼儿园则更多地提供个性化优质学前教育服务。营利性民办幼儿园与非营利性民办幼儿园相互补充，满足不同民众对学前教育的多元需求。总的来看，我国民办幼儿园发展至今所积累的各种办学经验和所形成的发展格局，客观上为民办幼儿园分类管理制度的继续推进奠定了基础。这些基础简单概括起来即是民办幼儿园自身发展的经验基础、强调教育资源优化配置的市场基础以及突出社会治理的制度基础。

首先，我国民办幼儿园教育在相当长一段历史时期基本被定性为准公益性组织，法律身份属于民办非企业法人，但从20世纪90年代末开始，我国民办幼儿园教育实际上快速向着市场化方向发展，主要原因之一是具有最强公益性的公办幼儿园教育资源无法满足民众的教育需求，面对由此形成的巨大的教育消费市场，幼教领域成为众多社会资本关注的"蓝海"。时至今日，我国民办幼儿园教育经过不断的调整和发展，所形成的教育市场已经不再是"蓝海"，而是竞争日趋激烈的"红海"，并且由此形成了多元的办学模式和发展格局。民办幼儿园教育的快速发展虽然客观上满足了很大一部分民众的教育需求，但围绕经济利益展开的办学竞争，也导致民办幼儿园发展出现了快速兼并、上市融资、寻求超大规模发展及过度逐利的趋势，由此造成的办学风险以及外部效应，对民众生产生活产生了不小的消极影响，"入园难、入园贵"成为我国学前教育管理要重点解决的问题。这一状况实际上也反映了民办幼儿园分类发展的内在诉求，即尽快以是否以营利为目的为区分，将希望通过商业化、市场化办学来逐利的民办幼儿园与仅追求合理回报、愿意为民众提供普惠有质量学前教育服务的民办幼儿园区分开来，避免社会资本的无序扩张挤压普惠性幼儿园的发展空间，产生行业垄断后最终伤害到整个民办幼儿园的健康发展以及幼儿的受教育权益。因此，民办幼儿园发展形成的多元利益格局、多元办学模式，自然成为推进民办幼儿园分类管理制度实施的经验基础。

其次，随着民办幼儿园分类管理制度的推进，政府对民办幼儿园教育资源的流向与布局的控制也在不断加强，但从具体的管理方式与策略来看，所采用的政策工具主要是市场化政策工具,而非简单的行政干预,这表明中央政府早已充分认识到民办幼儿园教育的健康发展,本质上依然是教育资源如何基于市场机制得到有效配置的问题。目前在民办幼儿园分类管理过程中采用的土地划拨、税费减免、收费限价、学位购买、财政补贴等多种手段,主要针对非营利性民办幼儿园尤其是非营利性民办普惠园给予各种扶持。这实际上是通过划分两个不同的幼教市场,以引导掌握不同教育资源的民办幼儿园举办者,基于自身发展诉求分别进入不同的民办幼儿园市场环境中,或享受更多的政府支持而选择合理回报,或完全按照商业逻辑自由竞争、追求自身经济利益。这一管理思路实际上从 2010 年发布的"国十条"开始,就不断在各类政策文件中得到明确贯彻。经过十多年的探索实践,客观上已经形成政府、市场、社会三者协同支持学前教育普惠普及目标实现的基本格局。① 近些年,受政府对民办幼儿园发展质量的督导力度不断加大的影响,各项政策都内含着遵循市场经济等价交换的基本原则,强调民办幼儿园之间公平竞争的要求,民办幼儿园开始日益重视园所之间的质量竞争,并已在教师队伍建设、园本课程改革等具体领域积累起了一定经验。至此,不同民办幼儿园按照民办幼儿园分类管理制度的相关要求,已经有着公平进行质量竞争以及平衡自身利益与公共利益冲突的强烈动机,而在外部政策环境构建上,围绕民办幼儿园教育资源的激励性政策也基本成熟。这为民办幼儿园实现创新发展和民办幼儿园分类管理制度的推进提供了良好的市场基础。

最后,民办幼儿园分类管理制度在实际推进过程中,虽然受限于配套政策细则的不明朗导致推进缓慢,但得益于前期普惠性学前教育发展政策的持续推进,相关配套政策会随着民办幼儿园在部分关键领域的先行探索而实现突破。具体而言,一方面是民众参与民办幼儿园教育质量监管的多元治理工作在不断推进。我国现有的各项政策文件都十分重视幼儿家长在幼儿园监管工作中的作用,如家长委员会制度、家长驻园值守制度、幼儿家长投诉制度等。近些年很多地方政府都在根据国家相关要求,探索多种渠道的民办幼儿园办学信息公示制度,如在教育部门官方网站公布区域内民办幼儿园基本办学信息和评估等级,或者在小区居民点张贴正规民办幼儿园名录清单等,通过支持家长理性择园来倒逼民办幼儿园提升办学质量、合法办学。另一方

---

① 生兆欣.政府、市场、社会:学前教育治理的历史变迁及当代审视[J].南京师大学报(社会科学版),2021(4):40-51.

面，各地政府根据普惠性学前教育普及要求，集中对小区配套园、无证幼儿园进行集中整治，在明确各类民办幼儿园合法办学身份的同时，借助第三方机构、行业协会等对区域内民办幼儿园进行常规动态评估，践行"管办评分离"理念的同时，强化政府对民办幼儿园整体发展情况的准确认识和预判，提升政府的管理效率。上述管理工作的推进，属于民办幼儿园分类管理的基础性工作，对构建有序、规范的民办幼儿园发展环境至关重要，构成了民办幼儿园分类管理工作进一步推进的制度基础。

总体来讲，尽管我国民办幼儿园分类管理工作在实践层面取得了一定的成就，但相关制度的最终落实是一个系统工程，从政府部门分工到民办幼儿园办学行为规范，涉及诸多领域并牵涉不同的利益关系，在制度的具体落实层面还面临着诸多挑战需要逐一克服与解决。

## 二、民办幼儿园分类管理制度推进面临的主要挑战

从民办幼儿园分类发展的现状不难看出，民办幼儿园分类管理制度的推进，本质上是要支持民办幼儿园有效应对自身各种转型发展问题，而不应是强制民办幼儿园做出违背市场规律的办学决策。为此，相关配套政策的出台与设计，不仅要厘清当前民办幼儿园发展格局中隐含的利益关系和博弈过程，而且也需要明确民办幼儿园做出有效决策、实现自主创新发展的动力来源。基于此，从政府管理的角度讲，精准锁定民办幼儿园分类管理制度的具体实施可能面临的关键阻碍，只是理顺相关制度实施逻辑的第一步，关键是要基于民办幼儿园遵循教育发展规律与市场规律实现可持续发展的基本条件，明确民办幼儿园分类管理制度的推进，在政策执行、财务管理、保教质量、市场竞争以及经营管理等方面具体面临的主要挑战，以此为充分激发民办幼儿园举办者的发展创新动力创造良好的外部环境。

### （一）政策执行挑战

从教育政策的本质和逻辑起点看，教育政策执行过程中面临的主要挑战，主要是如何实现教育政策目标与教育政策执行方式的统一，即当教育政策执行时，如何兼顾各利益相关者之间的利益冲突，使得相应的教育政策执行方式与相关利益者决策和行动方式尽可能一致。由于民办幼儿园分类管理制度中有关营利性民办幼儿园与非营利性民办幼儿园的管理目标不一样，

因此实际面对的政治执行挑战也不尽相同。

针对营利性民办幼儿园管理的政策执行挑战是,如何在控制营利性民办幼儿园获得核心教育资源(如土地)的成本的情况下,促进其高质量、高水平办学,满足部分民众对个性化、优质学前教育服务的需求。尽管在《民办教育促进法》等相关政策法规中都明确指出,人民政府要按照国家规定为新建、扩建营利性民办学校提供土地,但具体是何种国家规定并不明确。调研发现,目前国内不少地区都在优先满足普惠性幼儿园的土地需求,短期内已不再为营利性民办幼儿园提供土地。原先占据小区配套园举办的营利性民办幼儿园,或者退出办学、自行另寻租赁土地办学,或者举办成普惠性民办幼儿园。在这种情况下,营利性民办幼儿园的实际用地成本可能成为阻碍其发展的最主要因素。如果用地成本过高而对应的区域内能负担的幼儿家长群体有限,营利性民办幼儿园则可能会被逐出城镇核心区域,发展布局将可能会越来越集中,未来整体发展也将受到一定限制。而对于一部分幼儿家长而言,这也意味着其获得个性化、优质教育服务的成本也将越来越高。对此,民办幼儿园分类管理要推动营利性民办幼儿园健康发展,需要应对的主要挑战是如何合理安排土地等核心办学资源的供给,避免对营利性民办幼儿园的发展空间产生不合理的压缩。

针对非营利性民办幼儿园管理的政策执行挑战是,如何充分落实通过购买服务、综合奖补、减免租金、土地划拨等方式直接或间接地分担非营利性民办幼儿园办学成本的相关政策,实现支持其发展成为我国学前教育普及普惠、安全优质发展的重要力量的目标。在民办教育分类管理新政出台之后,针对非营利性民办幼儿园的发展扶持政策如政府补贴、基金奖励、捐资激励、土地划拨、税费减免等,与原有普惠性民办幼儿园的发展扶持政策叠加,理论上能够更多地分担非营利性民办普惠园的办学成本,同时一般性的非营利性民办幼儿园也得到了一定的鼓励,由此来实现对非营利性民办幼儿园办学积极性的激发并有效促进普惠性学前教育资源的扩大。但现实情况是,目前各地所建立的成本分担政策不同程度地存在执行力度不够、不到位的情况,没有具体区分一般性的非营利性民办幼儿园和非营利性民办普惠园的不同需求,因此相关政策实际执行时能真正发挥的激励作用比较有限。具体表现为,在直接的成本分担政策方面,各地近些年都不同程度地出现了后续补偿优惠政策模糊、补贴不到位不及时,却要求非营利性民办幼儿园尽快做出是否举办成普惠性民办幼儿园的选择,一旦选择举办成非营利性民办普惠园,就需要按照新的收费标准和资产配置方式进行"垫资办学";而在间接的成本分担政策方面,最突出的是小区配套园在很多地区仍未彻底完成移交,依托小区配套园办学的非营利性民办普惠园仍需支付高额的园舍租赁费。由于我国多数非营利性民办幼儿园属于筹资办学,新政出台之后,允许取得"合理回报"作为非营利性民办幼儿园发展的重要激励手段随之被取消,替代性的激励手段就只有成本分担政策,在成本分担政策执行不到位的情况下,如何确保非营利性民办幼儿园能维持相应的办学质量并持续发展,就成为亟须应对的一项重要政策挑战。

### (二) 财务管理挑战

根据目前民办幼儿园分类管理相关政策规定,防控不同类型民办幼儿园在经费的分配与使用过程中可能出现的各种财务风险,主要是从民办幼儿园外部的政府监管制度和内部的财务制度建设两方面入手。而相关财务管理制度实施所面临的挑战也主要来自上述两方面,即政府如何合理规范民办幼儿园的收费行为和筹资行为,以及如何规范民办幼儿园的经费分配与使用行为。

首先,在规范民办幼儿园收费行为方面的主要挑战是,如何平衡非营利性民办幼儿园普惠性收费与有质量发展之间的矛盾和抑制营利性民办幼儿园过度逐利的收费行为。具体而言,一方面,非营利性民办幼儿园的收费标准总体上执行的是政府指导价[①],尤其是非营利性民办普惠园的收费标准往往对标公办幼儿园。而目前在非营利性民办幼儿园尤其是非营利性民办普惠园中普遍存在的问题是执行政府指导价所获得的办学收入,根本无法满足维持一定办学质量所支付的办学成本,这使得非营利性民办幼儿园对政府通过财政补贴、税费减免等方式给予的成本分担力度十分依赖,而目前各地方政府针对非营利性民办幼儿园的成本分担比例、标准、依据并不明确,且普遍存在分担比例偏低、无法支持非营利性民办幼儿园保持一定办学质量的情况。对此,如何在政府财力所能承担的办学成本分担范围内,按照市场调节

---

[①] 目前相关政策法规并未专门针对非营利性民办非普惠园的收费行为提出具体要求,但《民办教育促进法实施条例》中指出,非营利性民办学校要逐步实行市场调节价,而各地相关政策要求也有差异,如四川省规定非营利性民办幼儿园收费标准执行政府指导价;河南省规定非营利性民办幼儿园收费实行政府指导价,然后逐步实行市场调节价;天津市则指出营利性民办幼儿园之外的非普惠性民办幼儿园执行市场调节价。总体来看,非营利性民办普惠园收费标准执行政府指导价(即限价)是十分明确的,但非营利性民办非普惠园收费标准则是要逐步从政府指导价向市场调节价过渡。

价规定非营利性民办幼儿园的收费标准，确保其有充足的办学经费来稳定提升办学质量，成为地方政府必须有效应对的挑战。另一方面，营利性民办幼儿园收费标准执行市场调节价，同时要避免过高收费，这是目前相关政策的普遍要求。从政策执行的角度讲，如何确定收费是否过高的主要依据，是要能准确核算出一定质量的教育服务对应的实际成本。从相关实践看，目前幼儿园教育质量评估仍然是学前教育管理的一个重要短板，而基于教育质量的成本核算仍缺乏足够的经验支撑，因此未来实际上不仅对于营利性民办幼儿园而言，对于整个民办幼儿园教育来说，构建科学的办园成本核算机制依然是民办幼儿园管理有效抑制过度逐利行为必须重视的内容。

其次，在民办幼儿园筹资办学方面的主要挑战是，如何解决非营利性民办幼儿园经营管理模式受限导致筹资渠道有限的问题。按照目前相关政策规定，一些商业活动中常见的经营管理模式被禁止用于非营利性民办幼儿园，如在2018年的《中共中央国务院关于学前教育深化改革规范发展的若干意见》中规定："社会资本不得通过兼并收购、受托经营、加盟连锁、利用可变利益实体、协议控制等方式控制国有资产或集体资产举办的幼儿园、非营利性幼儿园。"其中的兼收并购、受托经营等对应的是社会资本介入非营利性民办幼儿园的方式，限制相关经营模式也就限制了非营利性民办幼儿园的筹资方式。尽管相关政策针对的是利用国有资产或集体资产举办的非营利性民办幼儿园，但考虑当前我国绝大多数非营利性民办幼儿园都是以土地划拨形式建设的小区配套园，或者是基于国有企事业单位的相关资产筹办的非营利性民办幼儿园，这一规定必然会对社会资本参与举办非营利性民办幼儿园产生一定限制：既要吸引社会力量参与举办非营利性民办幼儿园，又要限制其投资方式，按照企业经营的一般原则，"谁出资，谁负责"，不被允许以常见的商业活动经营模式对非营利性民办幼儿园进行控制可能会使一些社会资本产生投资顾虑。因此，民办幼儿园分类管理制度要进一步推进，就必须解决社会参与的动力问题和渠道问题。

最后，在办学经费分配与使用方面的主要挑战是，如何平衡对非营利性民办幼儿园办学经费使用的监管与自主办学之间的关系。按照民办幼儿园分类管理的相关政策，营利性民办幼儿园和非营利性民办幼儿园除了在办学经费使用方面要普遍遵循统一的财务管理制度外，还存在一些根本区别。如非营利性民办幼儿园的办学经费要建立在由教育部门专设和备案的账户中，办学经费收支要受到教育等相关部门的监管，而营利性民办幼儿园则不需要。相关政策设计有其合理性,但在实践中却存在一些有待明确的内容,如教育部门对非营利性民办幼儿园经费收支的审查仅仅是形式审查还是内容审查,或是二者兼有;如果是内容审查,教育部门管理人员或相关专业人员的有限理性,是否能准确判断出幼儿园在自主经营过程中所有的经费收支项目是否合理。如调研发现,教育部门在具体审查非营利性民办幼儿园办学经费收支情况时,与幼儿园管理者就不同支出事项的合理性存在不一致的认识。如果教育行政部门经常基于行政权力、有限理性限制非营利性民办幼儿园的支出事项,可能会导致非营利性民办幼儿园举办者产生"钱难花、事难办"的心理,难以在教育资源的使用分配上充分发挥自主性,进而影响非营利性民办幼儿园的办学活力。因此,对非营利性民办幼儿园办学经费使用的监管如何更加有效,也就成为民办幼儿园分类管理要面对的一个重要挑战。

### (三)保教质量挑战

民办幼儿园的保教质量是民办幼儿园分类管理制度推进的主要关注点,而决定民办幼儿园保教质量的两个核心要素则是园所教师队伍的专业化程度和课程教学模式。从民办幼儿园管理运行的基本过程看,无论是教师队伍建设还是课程教学改革,不仅需要相应的经费投入,更需要民办幼儿园举办者在管理决策上的重视。而在影响民办幼儿园举办者相关管理决策的众多因素中,来自对教师专业贡献和课程教学效果的评价反馈机制十分关键。

民办幼儿园作为社会力量投资办学,在教师工资待遇保障方面遵循着与企业员工管理相同的思路,即按劳分配。按劳分配所遵循的基本原理即效率工资理论所提出的工作效率或贡献与工资水平应成正相关。[①] 换句话说,提供给民办幼儿园教师的工资待遇保障需要与教师的工作效率或贡献相对应,进一步讲就涉及教师开展的课程教学实际效果如何评价。为此,至少要解决两方面的问题:一是要确定科学的民办幼儿园教师专业贡献的评价标准,以课程教学开展的实际效果看,则不能简单地以劳动时间付出或工作态度为标准,毕竟努力程度与劳动效率没有必然关系;二是确定科学的评价方式和手段,即由谁评价、怎么评价才能保证获得的评价信息足够权威,仅从民办幼儿园管理者的角度进行评价肯定不够客观,如何引入科学的评价标准和多元评

---

[①] 宋晶,陈园园.效率工资理论核心假设的质疑与拓展[J].财经问题研究,2016(8):17-22.

价主体成为关键。而目前在民办幼儿园教育领域存在的一些现象,客观上从侧面反映出上述两方面问题解决的迫切性。如社会中存在较为普遍的对民办幼儿园教师职业声望的污名化现象①,实际上反映了整个社会对民办幼儿园教师专业贡献的不理解与轻视;再如民办幼儿园教育"小学化"问题比公办幼儿园教育更为突出②,其中就反映出幼儿家长对幼儿园教育的错误理解对民办幼儿园课程教学的消极影响。实际上,即使是公办幼儿园教师工资待遇保障与课程教学评价目前也面临缺乏有效的评价反馈信息支撑的问题。因此,构建针对民办幼儿园教师专业贡献的评价反馈机制自然成为未来民办幼儿园分类管理制度推进的一个重要挑战。

### (四) 市场竞争挑战

在民办幼儿园教育中引入市场竞争机制并发挥其有效作用的关键是,市场竞争的标准是基于真正的办学质量,而非服务于经济利益的价格竞争。从目前民办幼儿园发展的整体情况看,无论是营利性民办幼儿园还是非营利性民办幼儿园都存在过度市场化的办学倾向,在市场竞争标准不明朗的情况下,这种办学倾向极有可能会损害幼儿园教育公益性,而且长远看也会削弱民办幼儿园自身的市场竞争力。因此,从民办幼儿园分类管理的角度讲,主要挑战是如何确保民办幼儿园发展既要遵循市场规律,还要防止市场机制可能对民办幼儿园的既定职能实现产生消极影响。

就非营利性民办幼儿园管理而言,引导其为民众提供更具公益性的教育服务,就不能让其完全按照市场规律采取"价高者得"的办学方式。如果对驱动民办幼儿园发展的市场机制不加有效管控,就有可能损害学前教育的公益性。③ 但与此同时也不能忽视基于自由的市场交易和家长选择带来的合理回报,对非营利性民办幼儿园举办者的激励作用。前文提到的目前在非营利性民办幼儿园发展过程中出现的"一园两课"、日常教育"小学化"等问题,就主要源于其过度追求办学利益而简单迎合市场需求的办学方式:"一园两课"虽然符合等价交换的市场原则,却造成了明显的教育不公平;而"小学

---

① 徐莹莹,王海英,林榕.从脱嵌到耦合:民办幼儿园教师的生存之困与应对之策[J].教育发展研究,2021(Z2):34-41.
② 谭湘府.湖南省幼儿园教育"小学化"现状调查研究[D].湖南师范大学硕士学位论文,2016.
③ 刘磊.新《民促法》背景下政府对民办幼儿园的有效治理——基于对学前教育市场功用与限度的分析[J].教育科学,2018(6):10-18.

化"教育虽然满足了市场中部分家长的需求,却损害了幼儿的长远发展利益。长远来看,这样的办学方式既不符合相关政策规定,也不符合教育的基本规律,最终可能会让非营利性民办幼儿园在日益规范的幼教市场竞争中被逐渐淘汰。因此,对非营利性民办幼儿园管理而言,主要挑战是如何引导非营利性民办幼儿园对合理利益的追求是围绕真正的幼儿园教育质量要求而展开,以此构建起良性竞争的民办幼儿园发展环境。

就营利性民办幼儿园管理而言,虽然办学属性决定了其可以完全按照市场规律采取"价高者得"的办学方式,但本质上也不能违背等价交换的基本原则和儿童身心发展规律。从目前一些营利性民办幼儿园发展的实际情况看,在引进或创新多元化的课程理念和教育教学模式的同时,对引进外来课程、自创课程与本土文化或政策要求不相适应的问题缺乏足够的认识,实际的课程实施效果并不理想,提供的所谓个性化、优质教育服务与其高额的收费标准并不匹配。因此,对营利性民办幼儿园的管理而言,主要挑战是如何对其课程教学质量进行常态化监管与信息公示,由幼儿家长的理性选择来实现营利性民办幼儿园的优胜劣汰。

### (五)经营管理挑战

从规范民办幼儿园经营管理的角度讲,民办幼儿园分类管理相关制度中都有对幼儿园内部治理结构和方式的基本要求,而从支持民办幼儿园发展的角度讲,其所面临的主要挑战是,如何有效支持民办幼儿园举办者能深刻领会国家有关民办幼儿园分类管理的相关政策法规要求,自觉实现转型发展,预判和降低办学风险,改革内部管理体制,创新自身发展模式。具体而言:

一方面,在民办幼儿园分类管理相关政策法规陆续出台、完善的过程中,不少民办幼儿园对于新的分类发展要求和扶持政策缺乏足够的了解,不仅观望情绪浓厚,同时对相关政策实施要求还存在一定的误读和短视行为。[①] 本研究调查也发现,一部分民办幼儿园选择登记为非营利性民办幼儿园,主要是看到国家在土地划拨、税费减免等方面的优惠政策,认为不仅可以节约办学成本,而且可以维持既有办学利益不变;而选择登记为营利性民办幼儿园

---

① 魏聪,王友缘,王海英.民办幼儿园营非之选中缘何"名实分离"——基于全国范围的实证调研[J].中国教育学刊,2021(7):29-34.

的幼儿园,则担心追加办学投入无法收回被"充公",对民办幼儿园发展前景持悲观情绪。这些现象的存在,既有国家对相关政策法规的解读和宣传不够的原因,也有民办幼儿园对相关政策缺乏敏感和了解的原因。从政府管理的角度讲,如果对民办幼儿园这样的管理决策模式缺乏主动介入,民办幼儿园未来可能面临转型不及时、被迫退出办学的风险,因此如何为民办幼儿园准确领会国家相关政策、优化管理决策、节约管理探索成本提供有效支持,就成为民办幼儿园分类管理要面对的挑战。

另一方面,目前民办幼儿园内部治理体系不合理,管理方式不科学,未能按照相关政策法规要求,合理架构幼儿园内部管理制度和管理结构,违规办学的行为也比较突出。民办幼儿园分类管理制度对不同民办幼儿园的内部治理结构及管理模式都有相应要求,如对非营利性民办幼儿园的关联方交易要求执行信息披露和备案制度、年度财务报告审计制度等。但在具体实施过程中,民办幼儿园内部治理问题依然比较突出。如笔者调查发现,不少采用集团化办园模式发展的非营利性民办幼儿园(尤其是普惠性民办幼儿园),按照集团要求每年上缴固定的办学收益、对办学结余进行分配的情况依然存在;在相应的财务制度、招生制度、人事制度等方面,因要服务于完成集团提出的创收指标,违规收费、教师招聘不规范甚至财务造假逃避监管等问题也客观存在。对于此类问题,除了政府相关部门要加强对民办幼儿园内部管理机制的监管外,还应考虑如何为民办幼儿园完善内部管理结构与机制提供支持。

## 三、民办幼儿园分类管理制度推进困难的主要原因

### (一)民办幼儿园分类管理部门分工协同与牵头机制欠缺

民办幼儿园分类管理制度的有序推进,实现从顶层制度设计到制度实际运行并取得最终的预期效果,是一个需要不断验证和探索的过程。而现有的学前教育管理体制能否为这一探索过程提供充分的支持,则事关相关制度实际落实的进度与效果。从目前学前教育管理体制改革的整体进展以及民办幼儿园分类管理所内含的具体要求看,相关部门分工协同与牵头机制的建设和运行依然不顺畅,这是民办幼儿园分类管理制度推进困难的一个重要原因。具体而言:

一方面，我国学前教育管理体制中以政府部门作为单一教育行政管理主体，重"管"轻"理"的倾向仍十分明显。重"管"意味着强调设立更多的、专门的行政管理部门和人员，直接参与民办幼儿园发展的各项事务，但这与我国社会管理体制改革中强调人员、机构精简的精神相悖。即使如此，同其他学段的教育相比，我国各级学前教育行政管理部门从部门分工到人员配备上都明显相对不足。如调研发现，绝大多数地县级市学前教育管理部门的人员数量十分有限，各级文件精神传达、事业发展数据统计等常规事务占据管理部门日常工作大部分时间，很难有多余精力对地方学前教育发展情况开展政策研究、督导评估等专业工作。这一问题在诸多研究中也都有提及。按照行政管理的一般思路，学前教育专职行政管理人员的缺乏，会导致相关部门难以充分了解地方民办幼儿园发展情况，无法把握民办幼儿园发展的真实需求和问题，并制定针对性的分类管理政策细则，更无法做到对民办幼儿园的常规性监管。要改变这一矛盾的局面，现有的学前教育行政分工管理体制迫切需要重视"理"，即在行政管理人员扩充有限的情况下，需要重点考虑如何转变管理角色和理念，贯彻教育治理思路，适当放权，细化分工，让相关利益者和专业机构参与学前教育事业规划与评价，减轻政府部门直接管理压力的同时，提升分类管理的效率。而这也是我国当前学前教育深化体制改革的一项重要要求。

另一方面，学前教育分工管理体制中的部门沟通、协调机制未充分建立，导致相关政策实际落实不顺畅、难执行。民办幼儿园分类管理涉及幼儿园产权归属认定、安全监管、财政奖补等各种事务，牵涉到国土、人社、财政、消防等多个政府部门，在处理民办幼儿园发展的某个具体问题时，往往需要多个部门的分工配合，但目前在很多地方政府发布的政策文件中，对涉及民办幼儿园分类管理的重要事项的牵头部门和协同部门缺乏明确说明，对各部门之间的协作方式和协作机制也鲜有表述，因部门分工协作不顺畅导致相关政策执行不到位的情况依然存在。如调研发现，民办小区配套园之所以存在产权归属复杂、难移交的问题，主要在于牵头部门与协同部门分工不明确，问责机制不明晰，对民办幼儿园产权移交问题缺乏有效督查，小区配套园从规划、建设再到最后的产权移交均缺乏有效的协商和管理机制。再如普惠性民办幼儿园激励措施执行滞后的问题。一方面由于牵头部门不明确，教育部门在获取财政经费支持民办幼儿园发展方面缺乏足够的"话语权"，相关政策如果得不到财政部门的积极支持和配合，民办幼儿园发展支持经费就难以纳入预算;另一方面,教育部门自身在财务管理和审计方面缺乏相应的监管能力,如果审计、工商税务等部门参与支持不够,教育部门为避免财务风险,会以公共部门财务监管的一般程序和标准来对待民办幼儿园,进而造成管得过严过死,造成民办幼儿园在分配使用财政经费时面临"难获得、难支配"的局面。

### (二)民办幼儿园前期发展形成的路径依赖有待系统突破

民办幼儿园分类管理相关制度的设计和出台,不仅继承了很多原有的民办幼儿园管理政策,而且还要对长期以来一直模棱两可的、关系着民办幼儿园核心利益的问题给出明确的解决思路。但民办幼儿园早先发展过程中早已形成了相对稳定的利益关系格局,对既有的发展路径已经产生了依赖,即产生所谓的路径依赖。对民办幼儿园实施分类管理就是要重新调整原有的利益关系格局,打破原有的路径依赖,由此产生的制度变迁成本会成为相关制度推进的直接阻碍。因此,理论上讲,如何降低或抵消突破民办幼儿园发展路径依赖的成本,就成为有效推进民办幼儿园分类管理制度的关键。而从目前民办幼儿园分类管理制度推进所面临的具体困难看,恰在于民办幼儿园前期发展所形成的诸多路径依赖,尚需找到更为有效的突破方式。

民办幼儿园前期发展所形成的路径依赖涉及政府财政支持政策的执行、民办幼儿园办学利益的保障、幼儿园内部治理体系的变革等各个方面。在民办幼儿园分类管理制度正式出台前,无论是在政府管理层面,还是在民办幼儿园自主发展层面,各方早已经形成了一系列民办幼儿园管理和自主发展的正式规则或非正式规则,以及基于相应的行动规则稳定获得一定利益的局面。而民办幼儿园分类管理制度的出台,则意味着要打破相关规则并改变原有的民办幼儿园发展路径,不可避免地会对民办幼儿园举办者的办学权益和办学成本产生影响。这些影响所产生的适应性成本如果得不到有效控制,无论是政府部门还是民办幼儿园,就会继续沿用过去的发展路径。如前文提到的针对非营利性民办普惠园的财政扶持政策制定标准低、执行不到位等情况,其中一个重要原因是一直以来针对民办幼儿园的财政拨款方式与公办幼儿园不同,实施的是"双轨制"①,在民办幼儿园分类管理背景下,对"双轨制"

---

① 曾晓东,刘莉.教育投入公办、民办"双轨制"及其可能的演进结果[J].教育经济评论,2019(4):87-97.

的路径依赖越来越难适应民办幼儿园"以收定支"的办学方式,优化对非营利性民办幼儿园的财政扶持政策,就必须打破对"双轨制"拨款方式的依赖;又如针对营利性民办幼儿园和非营利性民办幼儿园关于取得办学收益方面的要求,从允许民办幼儿园获得合理回报到不允许非营利性民办幼儿园取得办学收益,并未在政策上进一步区分"办学收益"与"合理回报",非营利性民办幼儿园依赖先前取得合理回报的路径来维护自身权益,自然会给幼儿园带来一定的办学风险;再如民办幼儿园分类管理禁止非营利性民办幼儿园沿用的、与营利性民办幼儿园相同的各类经营管理模式(如加盟连锁、受托经营等),曾是民办幼儿园扩大办学规模、保障办学经费稳定的重要方式,在合法的、新的经营管理模式未明确,而自发探索新模式成本较高的情况下,非营利性民办幼儿园可能依然会变相采用先前的经营管理模式办学。

综合以上分析不难看出,民办幼儿园分类管理制度的有效推进,必须解决相应的制度变迁成本的补偿问题和预期发展空间问题。按照制度经济学家诺斯的说法,制度变迁要顺利实现,要具备报酬递增以及以明显的交易费用为特征的不完全市场两项因素。[①] 简言之,即按照分类管理的要求选择不同发展方式的民办幼儿园,未来的办学收益还能逐渐抵消先前的适应成本,而且在先前办学模式下限制自身发展的很多不合理市场因素能够得到进一步改善,自身能够在更加公平、有效的竞争环境下获得稳定的发展机会。

### (三)民办幼儿园多元共治路径及相关强化机制构建不足

要解决民办幼儿园分类管理制度推进过程中面临的一系列挑战,都绕不开如何基于有效的民办幼儿园发展信息为政策执行与调整提供参考这一问题。而解决这一问题的基本思路,是基于教育治理的基本理念,构建有利于民办幼儿园举办者、幼儿家长、专业机构以及其他社会组织或个人全面参与的多元监督与治理体系。从目前相关工作开展的情况看,至少还存在以下两方面的不足:

一方面,全民参与、多元共治的路径不清晰,包括幼儿家长在内的广大的利益相关者不仅缺乏足够顺畅和明确的渠道来掌握民办幼儿园发展的各类

---

① 道格拉斯·C·诺斯.制度、制度变迁与经济绩效[M].杭行译.上海:上海格致出版社,2008:130.

信息,而且有限的参与民办幼儿园管理的方式和途径尚不够规范化和制度化。现有相关政策文件中实际上都有关于民众参与民办幼儿园管理的相应规定,如家长委员会制度、民办幼儿园办学信息公示制度、家长投诉信息反馈制度、第三方评估制度等,但相关制度缺乏配套的政策细则,如对民办幼儿园必须公示哪些办学信息、如何公示,家长可以参考哪些标准监督民办幼儿园办学,第三方评估机构的资质、参与方式等,并没有具体的政策说明。因此,尽管全民参与、多元共治已经成为民办幼儿园管理的一个重要思路,但在实践中仍有待进一步落实。对民办幼儿园实施分类管理如缺乏全民参与,地方政府在做出民办幼儿园管理决策以及规范民办幼儿园发展时,很难得到全面、及时、准确的政策执行信息反馈,也就难以有效应对来自政策执行过程中的各种挑战。调查发现,一些地方政府在制定和规划民办幼儿园收费标准、区域普惠性学前教育服务覆盖率指标、课程教学质量要求等政策时,较少征询幼儿家长、民办幼儿园举办者以及其他利益相关者的意见。教育部门主要关注普惠园覆盖率,而忽视学前教育服务质量、民办幼儿园实际办学基础,幼儿园被迫做出不利于自身发展的办学决策或幼儿家长被迫就近选择低质量教育服务的情况仍客观存在。这对民办幼儿园的办学积极性以及普惠性学前教育发展质量都产生了不小的消极影响。

另一方面,随着我国社会经济和文化水平的发展,民众参与公共事务和公共政策的意识在日渐增强,但总体看我国民众政策参与期望不合理、参与积极性与主动性不足的问题比较突出[1],这些问题在民办幼儿园管理方面同样存在。如调查发现,幼儿家长参与民办幼儿园管理的领域主要集中在与幼儿身心发展直接相关的保教工作上,如幼儿在园意外伤害权益保障或保教收费标准仲裁等方面,但对民办幼儿园办学方向、办学模式、内部治理等方面缺乏主动、理性参与的意识。作为最主要的民办幼儿园发展利益相关者之一,幼儿家长参与民办幼儿园管理的意识、主动性不强,不仅使政府对民办幼儿园的分类管理工作以及相关政策设计与执行缺乏足够有价值的信息反馈,而且也不利于民办幼儿园管理效率的提升和民办幼儿园良好竞争环境的形成。

---

[1] 金华.公民政策参与:实然描述、应然指向及行为改善[J].地方治理研究,2021(1):13-26.

## 第三节 民办幼儿园分类管理与支持制度推进的基本思路

### 一、强化部门行政规章约束,落实分类管理协同机制

在民办幼儿园分类管理与支持制度推进过程中存在的部门协同不够、政策执行失序等现象,实际上也是我国当前整个社会管理体制改革要关注的重要内容。要在相关方面有所突破,除了需要在宏观政府管理体制方面加强顶层设计外,亦可在地方政府层面加快基层部门协同机制探索与实践,主要思路是基于我国现有的政府部门行政权力执行模式,通过加强部门行政规章制定,为各部门协同开展民办幼儿园分类管理工作构建相应的约束机制。之所以如此,主要是考虑到我国政策的执行采取的是一种所谓的"部门共识性授权"机制,即国家宏观政策的制定和实施,是基于各部委就相关事宜达成共识后,再"由上而下"由地方政府和各部门层层执行和落实。[①] 由于这种政策执行机制会造成基层政府部门的政策执行效率取决于上级部门行政授权的具体性和可操作性,且基层各部门之间的协作需要上级部门在相关问题的合作机制上达成一致,所以要推动民办幼儿园分类管理制度的落实,必须首先从直接负责相关事务的行政部门之间的分工协作机制优化入手。对此,针对目前在民办幼儿园分类管理过程中涉及的产权界定、财政补贴、准入退出等需要多部门协作解决的问题,除了继续明确相关政策的执行标准和目标以及主要部门的分工职责外,还应从顶层制度设计层面考虑各部门协商出台针对相关问题的指导意见,明确各部门具体的职责范围,为基层部门具体执行相关工作提供政策依据,如民办幼儿园产权界定和权益保障所涉及的相关部门具体承担何种责任、解决哪些问题;要打破针对民办幼儿园财政扶持的"双轨制",财政部门、教育部门等如何实现协调统筹等。

---

① Shirk,Susan L.The Political Logic of Economic Reform in China[M]. University of California Press,1993:117.

## 二、细化相关配套政策细则，推动幼教行业规范竞争

基于教育治理的基本思路，民办幼儿园分类管理与支持制度的推行，在相关配套政策细则设计方面，应着重为推进民办幼儿园之间的公平、规范竞争提供明确的规则和路径。具体而言：一方面是从尽可能消除民办幼儿园发展中的信息不对称入手，明确民办幼儿园办学信息公示、专业机构参与督导评估等政策执行细节，以此强化民办幼儿园举办者对相关方面问题的重视。民众对民办幼儿园教育的认可与选择，是民办幼儿园自主发展最主要的外部动力。只有民众对幼儿园办学信息了解得越丰富、越准确、越便利，民众才有可能真正有效地参与对各类民办幼儿园的监管与评价。基于此，在引导民众参与民办幼儿园监管时，除了要对民办幼儿园的常规办学信息做好公示，还需要借助专业机构对民办幼儿园办学水平进行等级评估，支持幼儿家长结合一般性评估和专业评估，更清晰地认识民办幼儿园的办学质量、办学风险和问题，支持幼儿家长根据自身需求在民办幼儿园之间进行理性择园。另一方面是从为民办幼儿园公平竞争提供发展基础的角度，在公共资源供给方面落实中央政策。真正成熟的幼教市场是建立在质量竞争的基础之上，而不是只依靠政府行政权力，人为在土地资源供给、招生范围等方面，通过控制民办幼儿园对相关资源的获取，弱化民办幼儿园竞争来实现既定的学前教育发展目标。因此，在民办幼儿园分类管理上，应进一步明确以办学质量和合理收费作为获得政府财政支持、分担办学成本的主要依据，鼓励民办幼儿园积极围绕提升办学质量和内部治理效率展开竞争，真正实现对符合公共利益的民办幼儿园教育给予差别化扶持的目的。

## 三、重视第三方机构的培育，构建多元共治决策体系

第三方评估机构评估以及多元共治体系的不完善，主要原因依然是政府权力下放不到位、不规范的结果。具体而言，一方面从第三方机构培育的角度讲，第三方机构的权威性如果仅依靠行业自觉与自发形成，基本无法满足民办幼儿园快速发展的需要，必然需要政府的制度性干预和赋权，而这至少要从两方面入手：一是参考商业经济活动领域会计师事务所以及国外教育管理领域第三方机构产生的方式，确定第三方机构的资质标准及要求，明确第

三方服务的权益和义务,根据权责对等的原则,构建第三方信用体系的同时,政策上为第三方参与民办幼儿园督导与评估提供法律依据;二是依托现有的科研院所、省市半官方行业协会以及专业研究人员,成立半官方性质的第三方机构,利用现有资源探索第三方机构参与评估的经验与方法,推动第三方示范机构的建立,再逐步推动完全独立的第三方机构的产生并参与民办幼儿园评估服务。另一方面要从强化民众自觉、理性地参与民办幼儿园监督和管理决策入手,加强学前教育事业发展政策以及科学育儿理念的宣传工作,在提升民众理性认知、评估民办幼儿园教育工作的同时,为民众有序获取、反馈民办幼儿园发展信息提供合法、规范的途径,做到对民众关心的学前教育发展问题及时回应与解决,强化幼儿家长在推动民办幼儿园内部治理以及政府民办幼儿园管理体制改革的作用和能力。

## 四、构建行业资源共享机制,推动区域资源有效流动

从民办幼儿园经营管理与办学成本的角度看,影响民办幼儿园办学质量与发展定位的主要因素,是行业资源的流动性。正如前文提到的,构成民办幼儿园发展质量的各种资源如土地、财政经费等,人为设置资源流动壁垒将增加民办幼儿园办学成本,阻碍民办幼儿园之间的公平竞争。对此,民办幼儿园分类管理除了应为民办幼儿园教育服务输出设立发展底线与目标,也应为民办幼儿园教育投入打通资源共享和流动的壁垒。具体而言,一方面对制约当前民办幼儿园分类发展的关键资源要素,如土地资源、教师资源、课程资源、管理资源等,除了对政府所掌控的重要资源(如土地、财政经费)要合理分配与供给外,对社会资源(如教师、课程、管理经验等)要利用行政手段建立相应的教育资源共享库以及分享交流机制,促进各类优质教育资源的有效流动,为社会力量基于教育资源的公开、透明配置,以明确的办学预期参与举办民办幼儿园提供重要参考。另一方面,官方推动行业联盟或协会建立,就民办幼儿园发展与管理面临的各种问题加强研讨、交流、分享,以此构建相应的行业自律机制,打破以往不同民办幼儿园闭门办学、各自为战的局面,不仅要为政府与民办幼儿园之间交流决策信息、发展经验搭建平台,而且也要为民办幼儿园之间协同发展、互通有无、报团取暖提供行业支撑,减少民办幼儿园举办者在制定发展规划、明确发展定位、发挥自身优势方面的盲目性,支持其明确自我提升的路径与方法。

# 参考文献

[1][德]柯武刚,史漫飞.制度经济学——社会秩序与公共政策[M].韩朝华译.北京:商务印书馆,2008.

[2][美]W·理查德·斯科特.制度与组织——思想观念与物质利益[M].姚伟,王黎芳译.北京:中国人民大学出版社,2010.

[3][以]Y·巴泽尔.产权的经济分析[M].费方域,钱敏,段毅才译.上海:上海人民出版社,1997.

[4][美]埃里克·弗鲁博顿,[德]鲁道夫·芮切特.新制度经济学——一个交易为费用分析范式[M].姜建强,罗长远译.上海:格致出版社,上海三联出版社,上海人民出版社,2006.

[5][美]道格拉斯·C·诺斯.制度、制度变迁与经济绩效[M].杭行译.上海:格致出版社,上海三联出版社,上海人民出版社,2008.

[6][美]莉莲·凯茨.与幼儿教师的对话——迈向专业成长之路[M].廖凤瑞译.南京:南京师范大学出版社,2004.

[7]陈振明.政策科学:公共政策分析导论[M].北京:中国人民大学出版社,2003.

[8]董圣足.民办学校分类管理推进政策研究[M].上海:华东师范大学出版社,2020.

[9]范国睿.教育政策的理论与实践[M].上海:上海教育出版社,2011.

[10]范国睿.教育政策研究[M].福州:福建教育出版社,2020.

[11][美]盖伊·彼得斯.理性选择理论与制度理论[A].何俊志,任军锋,朱德米译.新制度主义政治学译文精选[C].天津:天津人民出版社,2007.

[12][美]哈罗德·孔茨.管理学精要[M].韦福祥等译.北京:机械工业出版社,2005.

[13] 教育部财务司,国家统计局社会科技与文化产业统计司.中国教育统计年鉴2019[R].北京:中国统计出版社,2020.

[14] [美]凯瑟琳·西伦,斯温斯·坦默.比较政治学中的历史制度主义[A].何俊志,任军锋,朱德米译.新制度主义政治学译文精选[C].天津:天津人民出版社,2007.

[15] 库伊曼,范·弗里埃特.治理与公共管理[A].库伊曼.管理公共组织[C].加利福尼亚:萨吉出办公司,1993.

[16] 旷乾.教育资源配置中的政府与市场——基于中国现状的分析[M].南宁:广西教育出版社,2007.

[17] 李清刚.公共管理视域下民办教育政策研究[M].广州:暨南大学出版社,2014.

[18] 刘复兴.教育政策的价值分析[M].北京:教育科学出版社,2003.

[19] 刘占兰.中国幼儿园教育质量评价[M].北京:教育科学出版社,2011.

[20] [美]罗伯特·J·巴罗.自由社会中的市场和选择[M].沈志彦译.上海:格致出版社,上海三联书店,上海人民出版社,2010.

[21] 祁邢雨.超越利益之争——教育政策的价值研究[M].北京:高等教育出版社,2003.

[22] 孙绵涛.教育政策学[M].武汉:武汉工业大学出版社,1997.

[23] 夏征农,陈至立.辞海[Z].上海:辞书出版社,2010.

[24] 小詹姆斯·唐纳利等.管理学基础[M].李柱流等译.北京:中国人民大学出版社,1982.

[25] 俞可平.治理与善治[M].北京:社会科学文献出版社,2000.

[26] 张乐天.学前教育政策与法规[M].北京:中央广播电视大学出版社,2011.

[27] 张曙光.个人权利和国家权利[C].刘军宁.市场逻辑与国家观念.北京:生活·读书·新知三联书店,1995.

[28] 张维迎.市场与政府:中国改革的核心博弈[M].西安:西北大学出版社,2014.

[29] 张燕.幼儿园管理[M].北京:人民教育出版社,2008.

[30] 王蓉,魏建国.中国教育财政政策咨询报告(2015—2019)[M].北京:社会科学文献出版社,2019:244-253.

[31] 别敦荣.论民办教育发展的"第三条道路"[J].华中师范大学学报(人文社会科学版),2012(3).

[32] 别敦荣.民办高校实施分类管理政策面临的困境及其完善策略[J].高等教育研究,2020(3).

[33] 曾晓东,刘莉.从单位福利到多元供给——改革开放四十年学前教育事业的发展与改革[J].教育经济评论,2018(6).

[34] 曾晓东,刘莉.教育投入公办、民办"双轨制"及其可能的演进结果[J].教育经济评论,2019(4).

[35] 陈蓉晖,张茜萌.幼儿园教师专业能力现状及提升策略——基于《幼儿园教师专业标准(试行)》的调查[J].东北师大学报(哲学社会科学版),2017(4).

[36] 褚宏启.教育治理:以共治求善治[J].教育研究,2014(10).

[37] 褚宏启.教育行政权力的优化配置:合理扩张与严格制约[J].北京大学教育评论,2013(3).

[38] 邓祎,罗岚,杜红春.蒙台梭利教育本土化的探索[J].学前教育研究,2016(7).

[39] 邓涛,李燕.专业发展空间对教师职业幸福感的影响:基于有调节的中介模型[J].现代教育管理,2021(9).

[40] 龚欣,郑磊,由由.提升资格准入门槛就可以提高幼儿园教育质量吗——基于数量与质量双重短缺背景的分析[J].教育发展研究,2020(24).

[41] 高晓娜,王嘉悦.教师"职称—薪酬"制度:异化与革新[J].当代教育科学,2020(10).

[42] 何金辉.民办学校分类管理的分歧与共识[J].教育发展研究,2010(10).

[43] 何美然.市场逻辑的内涵与基本特点[J].人民论坛,2010(12).

[44] 何炜.西方政府职能理论的源流分析[J].南京社会科学,1999(7).

[45] 何翔舟.用公众介入与结果取向硬性约束政府行为[J].中国行政管理,2003(4).

[46] 洪秀敏,魏若玉,缴润凯.民办幼儿园园长专业素养的调查与思考[J].现代教育管理,2019(1).

[47] 胡晨曦,魏聪,胡辰方,王海英.分类管理背景下民办幼儿园办园意向研究——基于对全国11个省2687位民办幼儿园举办者的实证调查[J].教育发展研究,2018(8).

[48] 胡伶.从关注过程、结果导向到共享领导:教育政策监测与评估的理

论模型构建[J].教育发展研究,2013(4).

[49] 郝娜,韩凤鸣.社会主义市场经济视域下公正价值观内涵的二维诠释[J].经济问题,2018(9).

[50] 姜勇,李芳,庞丽娟.普惠性学前教育的内涵辨析与发展路径创新[J].学前教育研究,2019(11).

[51] 金华.公民政策参与:实然描述、应然指向及行为改善[J].地方治理研究,2021(1).

[52] 金太军.政府职能与政府能力[J].中国行政管理,1998(12).

[53] 靳澜涛.教育治理与教育管理的关系辨正及其实践反思[J].教育学术月刊,2020(6).

[54] 贾云鹏,刘青秀,杜学元.教育市场分割:表现、影响及趋向[J].高等教育研究,2006(9).

[55] 李宏堡,王海英,魏聪.发展营利性幼儿园的现实困境、认识转向及策略应对[J].中国教育学刊,2020(6).

[56] 刘建银.民办学校分类管理的动因、目标与实现路径[J].国家教育行政学院学报,2011(4).

[57] 刘磊.新《民促法》背景下政府对民办幼儿园的有效治理——基于对学前教育市场功用与限度的分析[J].教育科学,2018(6).

[58] 刘颖,张斌,虞永平.疫情背景下普惠性幼儿园的现实困境及其化解——基于全国4352所普惠性幼儿园的实证调查[J].中国教育学刊,2021(6).

[59] 刘颖.市场化与集团化对学前教育普惠和质量的挑战:英国的案例[J].外国教育研究,2019(4).

[60] 刘争先.国家建构视域下的教育失败与教育治理[J].四川师范大学学报(社会科学版),2017(2).

[61] 刘天子,杨立华.普惠性民办幼儿园教师工资水平较低的理论阐释——一个经济学的分析框架[J].教育学术月刊,2021(5).

[62] 卢威.民办学校分类管理的现实基础与基本路径[J].现代教育管理,2016(9).

[63] 李卓,罗英智.幼儿园集团化发展的形态、矛盾及其消解[J].现代教育管理,2017(11).

[64] 吕武,刘益东.推进民办幼儿园分类管理的现实困境与政策应对[J].中国教育学刊,2017(3).

[65] 马春玉.与幼儿发展连接:幼儿园课程理念落实的关键[J].学前教育研究,2020(4).

[66] 马锦华,陈园园,李晓宁.幼儿园教育质量评估指标体系比较及其启示[J].教育研究与实验,2019(5).

[67] 马雪松,周云逸.社会学制度主义的发生路径、内在逻辑及意义评析[J].南京师范大学学报(社会科学版),2011(3).

[68] 潘奇.论教育的外部性[J].湖南师范大学教育科学学报,2008(2).

[69] 秦涛,吴义和.民办幼儿园政府依法监管的困境与出路[J].湖南师范大学教育科学学报,2019(1).

[70] 秦旭芳,王默.普惠性幼儿园的内涵、衡量标准及其政策建议[J].学前教育研究,2012(7).

[71] 邱敏蓉,王乐,李玲.幼儿教师职业生涯阻碍状况研究——民办幼儿园与公办幼儿园的对照比较[J].教育学术月刊,2020(12).

[72] 沈荣华.关于转变政府职能的若干思考[J].政治学研究,1999(4).

[73] 生兆欣.政府、市场、社会:学前教育治理的历史变迁及当代审视[J].南京师大学报(社会科学版),2021(4).

[74] 宋晶,陈园园.效率工资理论核心假设的质疑与拓展[J].财经问题研究,2016(8).

[75] 孙绵涛.现代教育治理的基本要素探析[J].中国教育学刊,2015(10).

[76] 王海英,刘静,魏聪."普惠之困"与"营利之忧":民办幼儿园的两难困境与突围之道[J].教育发展研究,2020(12).

[77] 王建.民办学校分类管理——从"四分法"到"二分法"[J].北京大学教育评论,2012(2).

[78] 王默,洪秀敏,庞丽娟.聚焦我国民办幼儿园教师队伍的发展:问题、影响因素及政策建议[J].教师教育研究,2015(3).

[79] 王珊,苏君阳.走向现代教育治理的教育管理权力重构[J].现代教育管理,2015(5).

[80] 王善迈.民办教育分类管理探讨[J].教育研究,2011(12).

[81] 魏聪,王友缘,王海英.民办幼儿园营非之选中缘何"名实分离"——基于全国范围的实证调研[J].中国教育学刊,2021(7).

[82] 邬大光.我国民办教育的特殊性与基本特征[J].教育研究,2007(1).

[83] 吴华,章露红.对民办学校分类管理"国家方案"的政策风险分析[J].

中国高教研究,2015(11).

[84] 吴华.重新审视民办学校分类管理的理由[J].教育经济评论,2016(2).

[85] 吴琼.我国幼儿园师资保障质量评估与提升策略[J].学前教育研究,2021(1).

[86] 忻福良,陈洁.对民办学校实行分类管理的调研与思考[J].教育发展研究,2009(18).

[87] 徐莹莹,王海英,林榕.从脱嵌到耦合:民办幼儿园教师的生存之困与应对之策[J].教育发展研究,2021(Z2).

[88] 许倩倩.澳大利亚学前教育市场化改革:背景、历程与借鉴[J].学前教育研究,2020(4).

[89] 严仲连.幼儿园课程实施适应取向的内涵、特点及影响因素[J].学前教育研究,2010(2).

[90] 杨程.民办学校分类管理"同等法律地位"与"差别化扶持"政策研究.[J].教育科学研究,2019(10).

[91] 杨冬梅,王默.发展不同产权结构幼儿园的意义及其分类治理探讨[J].教育与经济,2016(2).

[92] 杨莉君,贺红芳.幼儿园保教质量评估指标体系建构研究[J].教师教育研究,2017(5).

[93] 袁秋红.我国民办学前教育十年发展态势、存在问题及政策建议[J].教育科学,2017(1).

[94] 昝廷全.制度边界的类型与意义[J].经济学动态,2008(12).

[95] 张琴秀,周潘伟.高宽课程一日常规本土化的"症状"分析[J].陕西学前师范学院学报,2018(10).

[96] 谭湘府.湖南省幼儿园教育"小学化"现状调查研究[D].湖南师范大学硕士学位论文,2016.

[97] Anne Schneider, Helen Ingram.Behavioral Assumptions of Policy Tools[J]. The Journal of Politics,1990(2):510-529.

[98] Daniel A. Mazmanian and Paul A. Sbatier. Implementation and public Policy[M]. Glenview:Scott, Foresman,1983:21-25.

[99] Mclaughlin, M. W. Learning from Experience:Lessons from Policy Implementation[J]. Educational Evaluation and Policy Analysis,1987,9(2):171-178.

[100] Rebekka Grun, MNSHD. Financing Early Childhood Development: A look at International Evidence and Its Lessons [R]. A note for the Department of Education of Khanty-Mansiysk, Russian Federation, Document of the World Bank, December 2008.

[101] Shirk, Susan L. The Political Logic of Economic Reform in China [M]. University of California Press, 1993.

[102] Simon Herbert. Human Nature in Politics: The dialogue of Psychology with Politic Science [J]. American Political Science Review, 1985 (79): 293 – 304.

[103] Thornton P H and Ocasio W. Institution Logic[A]. Green-wood C, et al. (Eds.). The Sage handbook of organizational institutionalism[C]. London Sage, 2008: 99 – 129.

[104] Thornton P H. Markets from Culture: Institutional Logics and Organizational Decisions in Higher Education Publishing[M]. Stanford, CA: Stanford University Press, 2004.

# 后 记

进入 21 世纪后,我国民办幼儿园教育发展迅猛,无论是在满足民众教育需求方面,还是在课程教学、管理创新方面,取得的发展成就都有目共睹。随着中国特色社会主义进入新时代,我国社会主要矛盾的变化反映在学前教育领域中,则表现为民众对优质学前教育的需求与学前教育发展不平衡、不充分之间的矛盾。换句话说,就是民众对学前教育发展的愿景,已经从"有园上"开始转向"好上园""上好园"。鉴于民办幼儿园教育已成为我国学前教育事业的重要组成部分,对其进行分类管理自然是为了能更好地满足民众对学前教育日益增长的需求。

学界实际上很早就对民办幼儿园分类管理的相关问题进行了探讨,到 2016 年民办教育分类管理相关顶层制度设计陆续出台后,相关研究与探索开始涌现。我于 2011—2015 年在北京师范大学读博期间,有幸接触到不少相关领域的著名学者与专家。在聆听相关学者的讲座、学术研讨会以及私下非正式的交流中,我个人深受启迪,从最开始关注学前教育财政经费分配的公平与效益,后期逐渐关注民办幼儿园的管理与发展,对民办幼儿园未来即将面临分类管理的基本态势开始形成了一些自己的判断。正式走上工作岗位以后,我开始计划在前期初步调研的基础上,系统对民办幼儿园分类管理主题进行探索,虽然深知相关主题研究意义重大,但更明白以自身的研究能力来讲,研究过程势必充满曲折和挑战。在 2016 年我有幸受到教育部人文社科青年项目资助,遂以此为契机,正式开始相关探索和研究。

在研究过程中,我接触和调研的对象囊括了民办幼儿园举办者和园长、一线教师、基层教育部门行政干部、幼儿家长、地方科研院所专家,足迹涉及大江南北,得到很多支持和鼓励的同时,获得了丰富的民办幼儿园办学与管理信息。研究中发现,虽然各地民办幼儿园普遍面临若干共同的发展诉求,但因地方经济发展水平、政府行政效能、社会文化传统、民办幼儿园发展基础等情况存在较大差异，民办幼儿园的若干共同发展诉求中也存在强度和优先度的不同，如有的地区更关注政府财政补贴，有的地区更关注准入退出制度建设。而对于相关诉求，在2016—2020年间国家和地方政府陆续出台的相关政策法规里，一直不断提出相应的解决思路和对策。这些政策法规的出台，虽然给我的研究带来很多启迪和指引，但同时也要求自己不断细化调整相关研究内容，并找准研究的立场和基本思路，真正去思考民办幼儿园可持续发展的合理路径。惭愧的是，直到个人课题研究即将告一段落，很多值得我去进行探索的民办幼儿园分类管理问题，却因个人能力和精力的不足而难以一一涉猎，已经形成的一些观点仍需要进一步商榷。不过，我在调研过程中能够深切地感受到，基层民办幼儿园和教育行政部门期盼着学界可以通过系统的学术研究、深入的田野调查来支持他们做出科学决策，这成为激励自己在接下来的学术生涯中开展相关研究的主要动力。

最后借此机会，十分感谢在研究过程中给予我诸多无私帮助和支持的领导、专家及同仁，他们分别是北京师范大学教育学部周海涛教授、北京师范大学教育学部洪秀敏教授、新疆师范大学教育科学学院冯江英教授、山西省学前教育中心赵爱云教授、华东师范大学教育学部刘涛博士、山西师范大学郝淑丹博士、上海市闵行区教育局党办陈妍副主任、长沙师范学院贺文龙副教授、《学前教育研究》杂志社刘向辉博士等，他们或是直接参与课题研究，或是提供研究建议与启迪，或是给予调研帮助，整个研究工作才得以顺利推进。还要由衷地感谢很多民办幼儿园举办者和园长，调研过程中他们知无不言，提供了很多重要真实的民办幼儿园发展信息，在感受到他们对幼教事业的情怀的同时，我也获得了很多研究思路，因人数众多在此不便一一列举。另外更要感谢我的爱人和父母，在我研究过程中给予了我很多的包容和关怀，有时甚至会和我一起讨论相关主题，带给我启迪的同时，对我更是莫大的情感支持。最后诚挚地感谢在出版过程给予重要帮助的南京大学出版社丁群编辑，正是她专业、尽职的工作作风，本书才能最终得以完成和出版。

康永祥

2022年3月20日